旧態依然とした
組織から脱却する

中小企業のデジタル活用術

中島英司
NAKAJIMA EIJI

幻冬舎MC

はじめに

近年、中小企業をとりまく環境は厳しくなっています。

グローバル化による海外企業との競争、慢性的な人手不足、人口減少による国内需要の縮小、さらに2020年から感染が広がった新型コロナウイルスによって、特に資本の少ない中小企業は多くのダメージを受けました。そんななかで企業が生き残るためには、これらの課題を解決しながら、業務効率化による生産性の向上を進めていく必要があります。

その手段として有効とされているのがデジタル化です。デジタル化を行えば少人数で業務を遂行でき、コストの削減と人手不足の解消が可能になります。国や自治体も導入を推奨・支援し、日本経済の中核を担う中小企業を活性化させようとしていますが、いまだにデジタル化に積極的ではないところがほとんどです。

「デジタル化はお金と時間が掛かるに違いない」

「何から始めればいいか分からない」

「デジタルに詳しい社員がいない」

このようにネガティブなイメージが先行し、業務効率化という課題を抱えながらもデジタル化に踏み切れないでいるのです。

私の会社は令和に入ってから現在まで、地元群馬を中心に中小企業のデジタル化のサポートを行っています。もともとは人材サービス業を営んでいたのですが、デジタル化支援事業を始めるきっかけとなったのは、数年前に自社でデジタル化の推進をしたことにあります。

実のところ、私の会社もデジタル化とはほど遠い経営をしていました。導入するまでには時間や費用も掛かると思い、デジタルに強い人材もいなかったのです。

しかし従業員の休職に伴い、人材不足で給与計算などの基本的な業務が回らなくなり、「仕方なく」に近い経緯でＲＰＡの導入に至ったのです。これまで請求書を手入力していたものが自動で反映できるようになると、ミスもなく大幅な時間短縮になりました。導入コストや時間をあまり掛けることなく、すぐにデジタル化の効果を実感したため、ほかにもこれまで紙でやり取りしていた契約書類の電子化や、売上をデータベース上で可視化することなどを進めました。デジタル化することで業務効率がアップし、残業のほぼない働きやすい環境を実現、財務的には人件費を削減でき、利益を大きく出せるようになったのです。

この経験を基に、製造業や農業、サービス業などＩＴとはほど遠い地元企業のデジタル化を支援する事業をスタートしました。

本書は、導入コストや時間、デジタル人材の不足などの悩みで導入の一歩が踏み出せない中小企業に向けて、デジタル化の具体策をまとめたものです。「課題の棚卸し」をしっかりすれば、費用を掛けずともデジタル化できるポイントはたくさん見つかります。

さらにデジタルに強い人材がいなくとも、ポイントさえ分かれば、あとはアプリ・ツールを外部に発注するだけですぐにデジタル化して生産性を上げることができます。

本書を通じて、１日でも早く旧態依然な体制から脱却して、これからより混迷を極める時代のなかでも生き残っていける、真に強い企業になっていただければ幸いです。

これからの中小企業はZ世代（1996年～2010年生まれの世代）に合わせた働き方に変えていかないと、採用もできない時代になるのです。

旧態依然とした組織から脱却する　中小企業のデジタル活用術　目次

はじめに　2

［序　章］旧態依然とした組織に未来なし！

課題山積みの中小企業の実態

「中小企業あるある」が課題解決のヒントになる　16
売上に直結しない部署への投資が乏しい　17
困っていないふりをしている　18
メインの受発注手段が電話かファクス　20
業務の圧迫が不満と無駄の温床に　21
新しいことに挑戦する余裕がない　23
有能な社員頼みでマニュアルが存在しない　24

チェック体制の甘さが命取り　26
新人がすぐ辞める　27
社長の圧倒的マンパワーで食いつないでいる　29
落ちていく先代の神通力　30
社長への依存解消は不可欠　31
自ら情報を取りにいかない　32
社長が社長らしいことをしていない　33
人材不足や経営難を社会のせいにしている　36
喉元過ぎると忘れてしまう　37
痛みを感じてから対策するのは危険　39

［第1章］　低コストで導入でき、短期間で効果を実感

旧態依然とした組織の課題は「デジタル化」で解決できる

企業の規模や所在地にかかわらずデジタル化が当たり前の時代に　42
ライバルは近所の同業だけでなく世界になってしまった　43
昔ながらのやり方で経営を続ける中小企業こそデジタル化を導入すべし　45
デジタル化による課題解決①　業務の一部を自動化し人材不足を補う　46
デジタル化による課題解決②　無駄を徹底的に排除し経費削減　47
デジタル化による課題解決③　従業員間のコミュニケーションを円滑にして離職率対策　49
デジタル化による課題解決④　時代や人材に左右されない安定経営を確立　50
低コストで導入できる　52
専門的なスキルは不要　54
古い体質であればあるほど、短期間で導入効果が表れやすい　55
ＩＴ導入補助金制度を活用できる　56

デジタル化は真の働き方改革　58
会社の未来を見せる最善策　59
余裕ができて、個々のスキルが育つ　61

［第2章］業務フローの整備がデジタル化への第一歩

欠かすことのできない現場の理解と協力　66
社員にとっては「嫌な作業が減る」「怒られなくなる」が最大のメリット　68
それぞれの目標を明確にする　69
デジタル化失敗の典型パターン　70
システム一新の大きな罠　72
「とりあえずデジタル化」は失敗のもと　73
重要となる担当者の選定とケア　74
やっているフリの蔓延をなくそう　77
デジタル派とアナログ派の両立も視野に入れる　78

巻き込んでなじませる　80
ジャーニーマップでデジタル化成功率を上げよう　81
目的と手段を間違わないようにする　84
みんながハッピーになれる地図をつくる　85
管理職でも連休が取れる環境に　88
繰り返しをなくして業務負担を軽減　91

［第3章］　低コストで生産性を上げ人材不足も解消する
中小企業のためのデジタル活用具体策

デジタル化チームを組む　96
嫌なことを引き出し、デジタル化の未来を見せる　98
その一手間がミスを招く　101
データの連携で効率化を目指す　104
紙頼みはリスクだらけ　105

データ化の恩恵　107
データ置き場を積極活用　108
ＯＣＲはケースバイケース　110
単純作業をやってくれる専属の秘書　112
実例で知るＲＰＡの費用対効果　114
まずはデータやフローの整理から　117
業務は「見て覚える」が最良　120
復習しやすいデジタルマニュアルをつくる　121
デジタルツールで簡単マニュアル作成　123
小さな会社ほどマニュアル必須　125
顧客登録、日報、出退勤、予約、在庫確認、何でもアプリ化　126
操作が簡単なアプリも続々登場中　128
感覚頼みが招く必然のトラブル　130
ＲＰＡやアプリでデータを束ねる　131

課題も可視化できる　133
旧態依然なサイトは逆効果　135
つくっただけで満足しない　136
営業・顧客対応のデジタル活用　139
アウトソーシングやＲＰＡで営業の一部を自動化　141

［第4章］「小さくても強い会社」は生き残る――デジタル化で導く中小企業の未来

劇的改善を当てにしてはいけない理由　144
「デジタル活用の属人化」をなくすために　147
群馬の人材サービス会社がデジタル化支援事業を始めた理由　149
伴走方式で組織の緩衝材になる　150
グローバル時代こそローカル活動に力を入れる　154
ビジネスの地産地消　156
企業の「大量絶滅期」に生き残る条件　158

社長の脳内を可視化する　159

おわりに　162

［序 章］

旧態依然とした組織に未来なし！
課題山積みの中小企業の実態

「中小企業あるある」が課題解決のヒントになる

年々、激化していく海外企業との競争や慢性的な人手不足、人口減少による国内需要の縮小など、日本の企業はさまざまな課題を抱えています。特に資本の少ない中小企業が受ける影響は、大手企業よりも深刻であることは間違いありません。アナログ全開の旧態依然とした経営を続けているのであれば悲惨です。すでにかなり危うい状況に陥っていながら、課題を先送りにしている中小企業もあるはずです。

デジタル活用のための準備や具体的なアイデアについてお話しするにあたって、ここではまず中小企業が直面している課題を挙げます。いわば「中小企業あるある」です。人材サービス業という仕事上たくさんの中小企業の現場を見渡し、さらに経営層から悩みや課題をヒアリングしてきたので、ここで挙げていく「あるある」はかなり多くの中小企業に共通しているものだと確信しています。

中小企業が抱える課題の共通点を挙げていく狙いは、中小企業の現状はどこもこんなものなのか、うちだけじゃなかったんだ、とある意味で安心してもらいたいからです。また安心すると同時に、このような課題山積み状態の中小企業が多くあるなかで他社よりもいち早く課題の棚卸しと解決策を模索すれば、多難の時代を生き残っていけることを伝えたいからです。

そして、こうした中小企業の共通点、抱えている悩みや課題のなかにはデジタル活用がもたらす生産性向上のヒントが隠されています。

売上に直結しない部署への投資が乏しい

課題を抱える中小企業の残念な共通点としてまず挙がるのは設備投資の乏しさです。

事務員が使っているパソコンは、1世代どころか3世代以上前のもの、そんな中小企業もいまだに実在します。デスクの大部分を占めているその大型の箱よりも事務員のポケットに入っているスマホのほうがよっぽど高性能というありさまです。

パソコンの買い替えを促しても社長は問題ないと考えて買い替えを検討することもありません。パソコンを一新するだけで事務員の業務処理効率が格段に向上し、経営に良い影響をもたらすことに社長はまったく気づいていないのです。

「パソコンに掛けるお金がない」と言い切る社長もいます。それなのに売上に直結している製造部門のラインには最新鋭のものを次々と導入しているのが、中小企業にありがちな「あるある」です。

つまり、売上に直結していない部署への投資が疎かなのです。

事務作業は確かに利益への貢献度を測りにくい間接的な業務ですが、経営していくうえでは絶対に欠かせない業務でもあります。製造ラインにばかりお金を掛けて効率化できていても、事務作業が旧態依然としていたら「あそこは良い物を作ってはいるけれど納品が遅れがち」といった顧客対応での課題を抱えることになり、将来的には経営を圧迫することになってしまいます。

困っていないふりをしている

経営上の課題をたくさん抱えて困っているのに、困っていないふりを貫いている中小企業も少なくありません。

社屋の外装は見栄えの良いものにし、ホームページや看板もおしゃれにして、花形である部署も内装を立派にしている。しかしドアを一つ開けて隣の部署へ入ったら旧態依然としたひどいありさまになっているというパターンです。経営状態も実はかなり追い込まれているのにまったく問題ないふりをするのは、プライドが高い社長が経営する会社にありがちです。

恥ずかしながらかつての私もまさにそんなタイプで、山積している課題から目を逸らして虚勢を張り続けていました。自分の会社がすごいと思われるよう事業が順調であることを大げさに膨らまして伝え、金融機関や営業先から一目置かれるように努めていました。車も良いものに乗り、遊び方も豪快でした。

しかし実際のところ借金は膨らむばかり、売上は下降の一途でお先真っ暗な経営状態でした。競合他社に仕事を奪われないよう必死だったのです。

そんなふうに周りの目が届くところだけはご立派なハリボテ状態の中小企業をこれまでたくさん見てきました。そしてそのほとんどが廃業に至っています。

困っているのに困っていないふりをする、この思考がすべての元凶となっています。デジタル化云々の前に、まず経営層が考え方を変えて課題としっかり対峙するべきなのです。

メインの受発注手段が電話かファクス

製造業を営むある中小企業は、一日中デスクに向かっている従業員を10人ほど抱えていました。全従業員が100人以下の企業でしたから、ほかと比べてデスクワーカーの占める割合が大きく、ここはIT関連の企業かと見間違うほどでした。しかもよく観察してみると、パソコンに向かっている時間よりも電話対応に追われている時間のほうがはるかに長かったのです。

電話やファクスを受発注の主流としている中小企業はまだまだたくさん存在しています。

実際のデータを見てみると、経済産業省の「令和2年度産業経済研究委託事業（電子商取引に関する市場調査）」によればデジタルツールを用いた電子商取引を採用している規模の割合はBtoC分野で8・08%、BtoB分野で33・5%と報告されています。残りの多くが店頭窓口での直接取引、つまり電話やファクスなど旧態依然としたアナログな方法で取引を行っていることを示しています。

業務の圧迫が不満と無駄の温床に

電話で注文を受けている現場のデスクワーカーに、どうやって商材の手配をしているのかを尋ねたところ、次のような業務の流れを教えてもらいました。

まず電話を受けてメモを取ります。そして手元にある分厚い帳簿を開き、注文品の商品コードを探し出します。さらに注文先の企業コードも同様に帳簿から探します。商品の単価も知る必要があるのでこれも単価帳からわざわざ調べます。これらの必要な数字データたちが見つかったらようやくパソコンに向かい、社内の基幹システムに情報を入力していきます。

以上のような単調な業務を、注文を受けるたびに行っているのです。非常に非効率でストレスが溜まる作業のように見受けられます。

デスクワークは特にやりたくないと思われるような業務のオンパレードです。担当する従業員は毎日不満を抱えながら給料のためと割り切って単調な作業に打ち込みます。

彼らが自ら提案し改善していけばいいのではないか、と第三者目線では感じるのですが、彼らは日々の業務に追われていてそれどころではありません。改善されてもまた別の仕事を押しつけられるだけだからと淡々と与えられた業務を遂行している面もあります。改善の提案を上層部に提案しても、やれたらいいという程度の計画止まりでまったく実行に移されていないと愚痴をこぼされることもありました。

このようにパンパンに詰まった状態で業務が進められていると、無駄もたくさん生まれていくものです。

例えば、ある製造業では社内在庫の確認業務がまったく追いついていませんでした。そのため、新しい注文があったときに社内の在庫だけでまかなえるかどうかの判断ができません。そこで注文があるたびに遠方にある倉庫に発注し商品発送を手配していました。いわばトコロテン式に倉庫から発送されてきたものが社内の在庫になり、社内の在庫から引っ張り出したものを発注先へ送り出していたのです。

もし在庫が正確に把握できていれば、倉庫へ手配する商品数をコントロールすることができます。輸送手配費の削減につながり、無駄なコストを削減することができるのです。こうした第三者から見れば当たり前の無駄ポイントですら現場では見過ごされており、繰り返される業務に不満を溜め込んでいます。

このような負のスパイラルのなかにある中小企業は不満と無駄の温床になっており、下り坂を転げ落ちるような経営に苦しめられていくのです。

新しいことに挑戦する余裕がない

目の前に積み重ねられた業務に手一杯で余裕のない経営を続けていると、新しいことへのチャレンジまでなかなか手が回りません。

業務を効率化して無駄な作業を減らし、従業員に余裕ができてくるとさらに新しいアイデアや改善策が生まれてくることもしばしばあります。受注の話でいえば、注文をインターネット経由で受けつける新しい窓口を開設したり、帳簿をわざわざ開くのではなく商品や発注先企業名を自動でコードに変換する仕組みを導入したりできれば、はるかに効率的になり現場の不満も軽減されます。在庫の話でいえば、常に在庫を可視化できるシステムが確立できれば、無駄な経費を削ることが叶います。

そういったメリットを享受するためにも今一度会社内の業務を見つめ直し、少しでも手を加えて改善を促す機会を積極的に設けていくべきなのです。

有能な社員頼みでマニュアルが存在しない

数年前、私の経営する会社で長年働いていた事務員が一身上の都合により急きょ休職することになりました。その人だけが担当していた給与計算や労務管理業務があり、業務のマニュアル化をしてこなかったために切羽詰まる事態となりました。ほかに任せられるほど手の空いている従業員はおらず、とにかく次の人材を採用して引き継ぎを行おうと急ぎ募集をかけたのですが、希望のスキルをもつ人材がなかなか見つかりません。なんとか一人採用することができたものの、すでに前任が離れてしまうタイミングで後任へ直接指導できない状況で、満足な引き継ぎはできませんでした。

きちんとしたマニュアルのない手探り状態のなかで後任の人に給与計算や発送作業を担当してもらったのですが、当然のようにうまくいきません。給与計算の間違いなどトラブルが続発し、取引先からクレームを寄せられる事態となってしまいました。

一人の有能な社員に仕事を完全に依存していたツケを払うことになったわけです。このような痛い思いをする原因をつくったのは、事前に一人に頼り切った仕事の方法を解消していなかった経営者である私にほかなりません。

しかしながらこのような属人化というのは、少数精鋭で回している中小企業であれば多かれ少なかれ存在するものです。連続で休暇を取られると困る従業員を中小企業では必ず数人は抱えているものです。彼らが産休や病気で現場を離れることになったら会社の経営に直接ダメージを受けることも少なくありません。

「経理のことなら田中さんだな」「分からないことがあったら山田さんに聞いてみてください」といったように、特定の業務に関してたびたび個人の名前が登場しているのであれば、その中小企業は属人化が常態化していることになります。代わりがいないため、その人に何かがあったときにツケを払い、依存性が高いほど窮地に追い込まれることになります。

有能な社員はいるに越したことはないのですが、有能な社員に依存しきってしまっている会社は、現時点では問題がなくともいずれ大きな問題にぶつかることになります。そしてその問題が表面化するのは、私の会社のように突然であることがほとんどなのです。

チェック体制の甘さが命取り

特定の従業員頼みで業務マニュアルが存在しないことによるトラブルは、業務担当者が不在となったときだけでなく在籍している間でも起こることがあります。

経理を担当していた従業員が記帳を誤魔化して横領をしていたというニュースを頻繁に見聞きします。これは、経理をその人任せにしていた会社の自業自得ともいえる事件なのです。

このような故意による不祥事だけでなく、その人でさえ気づいていない人為的なミスというのも個人に頼りきった仕事の代償として起こり得ます。例えば社内のシステム部分を一人の従業員に任せきりにしていた場合などは、会社の根幹を揺るがすような大きなトラブルにつながる可能性もあります。しかしこれはシステム担当者自身が悪いのではなく、それを見過ごして放置してしまうようなチェック体制を敷いていた企業そのものに問題があります。

人間は自分のミスにはなかなか気づくことができないものです。したがって二重三重のチェック体制は必要なわけで、業務を正しく把握するためのマニュアルが必要となります。チェックする人材が足りないのであれば、機械にチェックさせるシステムを築くことでミスの発生率を下げることができます。

属人化が招く問題の解消、そしてマニュアルの作成は中小企業にとっては必ずやっておきたいことなのです。業務の可視化ツールやこまめに更新をかけやすいデジタルマニュアルなど、デジタル活用がこれらの課題を解決へと導いてくれます。

新人がすぐ辞める

中小企業にありがちなのが新人教育の不徹底です。多くの中小企業は、それぞれの業務に関する詳細なマニュアルを用意していません。あったとしても、メーカーが作成している機械やシステムなど設備に関してのマニュアルだけのことがほとんどです。メーカーマニュアルは分厚い説明が淡々と書かれているだけで分かりにくく、会社ごとの使用方法に則していないため、結局は現場で身につけていくことになります。

つまるところ業務内容を覚えないといけない新人は、分からないことがあればその都度、先輩たちに尋ねることになります。先輩従業員は最初は優しく接してくれるものの、忙しいときに何度も質問すると不機嫌になり、何回も教えたと怒ってしまうこともあるかもしれません。

萎縮した新人は自分でなんとか業務を進めていくことになります。それでうまくいけばいいのですが、進度が遅ければまたこれも怒られる材料となりますし、大きなミスが発生するとなんで勝手に進めたんだ、分からないなら聞けと言っただろうと責められることになります。

怒られたり責められたりするのは誰だって嫌です。こんな目に遭うために働いているのではないと、働き始めて間もなく退職を申し出る事態になるのは目に見えています。新人教育が疎かで、新人がすぐ辞めてしまう職場となる典型的な流れです。

特に不満は出ていなかったのになぜ、と嘆く社長がよくいるのですが、不満が出なかったから不満がなかったとはなりません。嫌なことが積み重なれば、事を荒立てるようなことはせず静かに去っていく新人もいます。

そのため会社の新人教育の体制に不備や不徹底があっても課題として表面化されず、いつまでも、うちはなんで新人が育たないのだろう、と社長は首を傾げ続けることになります。

職場の人間関係によって人材不足を招いてしまっているのであれば、デジタル活用が有効な手立ての一つとなります。人と人との間で摩擦の発生する回数が減り、離職率の改善へとつなげることができます。

社長の圧倒的マンパワーで食いつないでいる

中小企業の大多数が社長の圧倒的マンパワーで食いつないでいます。社長の営業力・技術・仕事への情熱・カリスマ性などが突出しており、社長の存在が顧客を引きつける強力な武器となっています。

これはすなわち、社長がいなくなってしまったら会社の心臓が止まってしまうも同然ということを意味しています。社長が現役を退いたあとも経営を続けていきたいのであれば、当然ですが社長がいなくても経営が続いていく組織体制を構築しなければいけません。

しかし中小企業経営者の多くはそんな余裕がありません。社長は顧客を引きつけておくため日々忙しいからです。

落ちていく先代の神通力

次の代へつないだ直後に経営が傾き、廃業へと追い込まれることは決して珍しいことではありません。私も義兄の製造業の経営を引き継いだときに、先代の力によって支えられていたと痛感しました。

売上が安定している会社だったので、引き継いだあとも自分の営業力ならこのくらいはいけるという成長イメージが描けていました。当時順風満帆だった人材サービス業の力も借りれば、さらなる相乗効果も見込めるという自信があったのです。

しかしいざ始めてみると、思いもよらぬ逆風にさらされることになりました。これまで継続して取引していた大口の顧客が手のひらを返すように解約の打診をしてきたのです。継続して取引する意向を見せてくれたとしても、取引条件を変更しないともう取引を続けられないとこちらに不利な交渉をもち掛けてくるところもありました。

先代の神通力が日を追うごとに落ちていくのを肌でひしひしと感じる日々でした。

つまるところ、多くの顧客が先代の社長との縁によってつながっていたのです。明言されることはありませんでしたが「先代がやっている会社だから、これまで付き合っていたんだよ」と言われている気がしてなりませんでした。

私も顧客の立場であれば同じように考えたかもしれません。先代が身を引いたのをきっかけとして、もっと条件の良い取引先を探すように動くのが経営としては健全ともいえます。

経営は事業の力そのものだけでなく人脈などで成り立っている部分もあります。そしてその人脈の源が先代社長に集約されている場合、代替わりとともに経営が一気に傾く恐れもあるということです。

社長への依存解消は不可欠

規模の小さな会社ほど営業活動を社長に依存している傾向があります。

中小企業社長の高齢化は年々深刻となっています。受け継ぐことができないのは現社長が椅子にしがみつきたいわけではなく、会社が社長職の属人化という病に冒されていることも原因の一つかもしれません。これを克服してから事業承継を成し遂げないと、私が継いだ会社のように経営が立ちいかなくなってしまうに違いありません。

人材サービス業を営んでいる現在も、社長職の属人化について私は危機感を抱いています。私が培ってきた人脈で成り立っている部分も多く、もし私が明日死んでしまったら契約を切られてしまう取引先が出てもおかしくはありません。多くの中小企業も然りであり、この現実から目を背けることはできません。

明日社長職を譲っても問題ないような経営基盤を築くことは、私だけでなく多くの中小企業の課題なのです。

自ら情報を取りにいかない

インターネットを使えば誰でもどこででも、簡単に情報を手に入れられる時代になりました。しかしながら、中小企業の社長やその側にいる人たちは比較的年齢が高くインターネットには疎い傾向にあります。

中小企業の経営層の情報収集源というと、一般的な話題であれば新聞やテレビが今もオーソドックスなものです。より自身の事業に密接した話題であれば、身近な経営者仲間や商工会、融資元の金融機関から集める程度にとどまっています。これらは日々の業務で訪問交流したついでに見聞きする話であって、いわば消極的にキャッチする情報です。

大半の中小企業の経営層は日々の業務に忙しいため、積極的に最新の情報を取りにいくことができていないのです。

社長が社長らしいことをしていない

社長自身がちゃんと社長らしく積極的に最新情報を取り込んで精査する体制を整えていれば、成果の上がらない眉唾な情報をつかまされずに済むということです。

時代の風向きを読み、社内の風通しを良くし、組織の先頭に立って舵取りし、従業員たちが路頭に迷わないよう経営を安定成長させていくのが社長の務めです。そのためには、新しい情報に常に触れておく姿勢は必要不可欠といえます。

私は、もっと情報を取りにいかないと取り返しの付かないことになると中小企業の社長に忠告するのですが、ほとんどの社長が日々の業務がいろいろあるので時間が取れないという言い訳しか返しません。

そうしたときに私が思うのは、ではいったい中小企業の社長はどういった業務に追われていて時間をつくることができず新しい情報を手に入れることができないのか、いつも社長は何をしているのか、この疑問に尽きます。

実際に見てきたなかでよくあるのが、本来であれば従業員が担うべき業務を社長が担当しているケースです。ある工場では、社長が製造部長を兼務していました。小さな工場ではなく比較的規模の大きい工場での話ですから衝撃でした。朝から工場内の細かい管理を行い、自身で指示を与え稼働させていました。製造部長がいなければ仕事が進まない状況なので当然社長は現場を離れることはできません。

何百人も従業員がいるのだから社長とは別に製造部長をおくべきだと提案しても、人に任せられない、現場が好きという理由で頑なに拒まれます。

これでは会社に新しい情報が入り込む余地はありません。井の中の蛙状態で、外の世界でどれほど技術の刷新があり新しい設備が開発されたとしても引きこもりの社長率いるその会社では知ることができません。旧態依然としたまま成長することができず、一方で新しい情報を仕入れ生産性を向上させている競合にシェアを奪われてしまうのがオチです。

社長が現場から離れられないような体制であったり、人に任せられないからと率先して現場に立ちたがる社長がいたりするのは、時代に取り残され滅んでいく中小企業の特徴です。

もう一つ、自ら情報を取りにいけない中小企業の社長が日々やっていることとして「遊び呆けている」あるいは「お金を使うことに終始している」ケースも散見されます。ビジネス交流会という名のただの飲み会へ赴いたり、研修などと称して旅行へ出掛けたり、外車を乗り回したり、ブランドショップを練り歩いたり、おまけに働かない身内を役員に迎えて報酬を与えたり、その報酬内容もブラックボックスで従業員には伝えなかったりと、挙げればきりがありません。

もちろんそういったお金の管理が狂った会社は財務状況が改善する見込みはありませんし、人も離れていく一方でしょうから、情報を取りにいく以前の問題で破産まっしぐらです。

「付き合いで飲むのも社長の仕事のうち」

「自分がかき集めてきた金で遊んで何が悪い」

「ここまでくるのに苦労したのだから少しくらい贅沢してもいいだろう」

そう反論する社長もいます。

私もかつて社長の特権とばかりに同じようなことをしていた人間なのでそういった考えも理解できます。お金に余裕のあるときであれば許されることかもしれません。遊んでお金を回すことも社長の大切な役目かもしれません。

しかし、現代はそんな悠長な時代ではないはずです。社長に遊ぶ暇などあるわけがありません。そのような行為を即刻ストップして、本来の社長がやるべき情報取りのため、然るべき場所へ出て行かなくてはなりません。そして会社のレベルを引き上げ、時代の進化に耐えられる組織づくりを目指すべきです。

人材不足や経営難を社会のせいにしている

「中小企業あるある」として最後に挙げるのが、人材不足や経営難にあえいでいながらも世の中が悪いと思い込み続けて社内で何も対策を講じないことです。

世の中のあり方が180度ひっくり返るような事態が起こったとしても「また元に戻る」と決め込んでいるのです。それまで辛抱あるのみと、ただじっと耐えることだけを続けている中小企業がたくさんあります。「しょせん中小企業だからやれることなんて限られている、世の中の動きに委ねるしかない」という無責任な采配を振る社長もいます。

重大な転機が訪れてもまた元に戻るなんて、そんな神がかり的な展開は起きるはずがありません。危機感を抱いて対策を立てている企業はありますし、対策を立てていない企業は当然のごとく淘汰されていきます。時代を問わず揺るがない真理です。

喉元過ぎると忘れてしまう

私にとって印象深く残っている重大な転機がリーマンショックです。「対策を立てなくても元に戻る」「窮地に陥ったらきっと国が助けてくれる」と高を括って何もしなかった社長の経営する会社はことごとく廃業へと追い込まれました。きちんと対策し、経済の冬を乗り越えられるよう蓄えをしっかりしていたところだけが未曾有の経済危機を乗り越えることができています。

リーマンショックを教訓にしていない中小企業の経営者がなんと多いことかと、現状を見渡していて痛切に感じています。

現在はまさにその重大な転機の真っ只中です。新型コロナウイルスによって生活スタイルやビジネススタイルが変革を遂げ、不要になったものと新しく必要になったものの仕分けがきっぱりと行われることとなりました。

例えば法人を対象とした電話営業を主体にしていた会社があります。コロナ禍による経済活動の自粛、そしてリモートワークの推進によって無人のオフィスが増えることとなり、電話営業では売上立たずの様相を呈しました。

そんな窮地にあっても対策を講じない社長は「コロナが落ちつけば、またオフィスに人が戻ってきて仕事を取れるだろう」と高を括るのです。

しかし決してそんな悠長なことはいっていられないと、新型コロナウイルスの脅威によって多くの方が実感しているはずです。オフィスに毎日行かなくても仕事が成り立つように指針を変えた会社は、引き続きリモートを中心とした経営を続けるかもしれないのです。仕事のスタイルが変わったことで、たとえ新型コロナウイルスの恐怖から解放されても、以前のように電話営業で顧客を獲得することは叶わないかもしれないのです。

ですから、重大な転機が訪れたことを実感し、電話営業から別の営業方法へシフトしていくことを視野に入れて対策を立てないと、いずれは滅んでしまうことになります。

痛みを感じてから対策するのは危険

18世紀半ばに産業革命が起こり、これまで手作業で一つひとつ時間を掛けてやっていたものが工場で大量に短期間で作られるようになりました。まさに革命であり、人の働き方、そして企業の稼ぎ方が大きく動いた時代です。

このような大変革が、これから先デジタル革命によって起こっていくと私は確信しています。なかには事業の大きな方針転換を余儀なくされる企業も出てくるはずです。

私は人手不足に陥ってから対策を講じました。危機に直面してから対策した結果、かなり手痛い思いをすることになりました。デジタル化の推進で難を逃れたものの、一つ間違えばどうなっていたか分かりません。人材や運に恵まれたとしかいいようがありません。

痛みを感じてからでは遅いということも十分に考えられます。痛みを感じない程度にこのままではまずいと感じている、小さい傷口が見えてきた段階で対策を始めるべきです。それはまさしく今、この時であるはずです。

10年先、いえ、5年先も見えないような大変革の時代です。早くから対策を始めたところほど、この先の大変革を生き残れる可能性は高まります。競合に先立って、食わず嫌いはせずに新しいことにチャレンジするべきです。

［第1章］

低コストで導入でき、短期間で効果を実感旧態依然とした組織の課題は「デジタル化」で解決できる

企業の規模や所在地にかかわらずデジタル化が当たり前の時代に

人手不足が原因で倒産に追い込まれている企業は増加傾向にあります。

帝国データバンクの人手不足に対する企業の動向調査（2020年1月）によれば、新型コロナウイルスが猛威を振るう前の2019年まで企業の半数近くが経営上の懸念材料として人手不足を挙げていました。従業員の退職や採用難などによる人手不足が原因で倒産に至る企業については2019年は185件と過去最多を更新しています。新型コロナウイルスの影響で2020年から2021年にかけて人手不足を原因とした倒産企業の割合は減少したものの、今後景気が回復していくとともにまた増えていくと目されています。

そもそも日本の人口は減少の一途です。地方へ行けば行くほど人口減少のスピードは速く、私の住む群馬県も例外ではありません。人材そのものが減っているのですから、1社ごとに抱えることのできる従業員の数も減ることは明白です。従業員が減っていくなかでこれまでと同等あるいはそれ以上のパフォーマンスを発揮する必要があるのです。

したがって人材不足の現状を打破する手段として、人材の採用方法だけを模索するのは得策ではないことになります。視点を変え、人を雇うのではなく人の代わりに業務を担ってくれる存在を見つけ出すことは避けられず、その存在がデジタルになります。人口増加が望めない現状、デジタル活用こそが人手不足解消の唯一の手段ととらえるべきです。

受注、申込内容の入力、給与計算、発注、経費の計算、売上の計算、在庫の確認、スケジュールの作成、社内外へのメッセージ送信など、決まりきった業務はできるだけデジタルに任せられる仕組みをつくっていくのです。

人材難を克服するという目的にフォーカスして、デジタル化に取り組む価値があります。

ライバルは近所の同業だけでなく世界になってしまった

グローバル化という言葉が叫ばれるようになって久しいです。かつては大手が世界に向けて帆を張る動きをグローバル化と称していました。しかし昨今、地方の中小企業でも世界を相手に戦い、グローバル化をスローガンとしているところも少なくありません。

例えば技術力を武器にして世界を相手に商売をしている中小のメーカーがいくつも現れています。そのような企業が各国に拠点をおいて通訳できるオペレーターや営業を雇って直接取引を行っているかといえば、決してそうではありません。ECサイト、つまりインターネット上に販売口を設けることで、グローバルなビジネスを展開できているのです。電話とファクスだけの旧態依然な商売を続けていたら決してできることではありません。

この事実を逆からたどれば、少し前までは競合といえば近場の同業であったのが、インターネット隆盛の現代では地球の反対側にある企業でさえライバルになり得ることを意味しています。

私は父の会社を継ぐ形で縫製業を営んでいたとき、先代から引き継いだ顧客から、海外の企業でもっと安いところを見つけたから、と契約を切られる苦い経験をしました。

私の経験と同様に、ライバルが世界に広がったことで苦戦を強いられている中小企業はたくさん存在すると思います。

「対面でするのが商売」「遠方とは取引せず、近くのすぐ会えるところを選ぶ会社もある」と安心しているのはよくありません。リモートでの商談も定着してきた昨今で、擬似的空間でも実際に会うのと同じようなコミュニケーションを図れる技術も生まれています。アナログ一辺倒の近くの企業よりも、デジタルをふんだんに活用した遠方の企業のほうがより親密に感じられるようになる時代が訪れたのです。

地域に深く根を下ろした盤石な商売方法も決して悪くありません。しかしそれと並行して、生き残るために販売網を広げる戦略を立てていくべきです。それを支援してくれる道具としてデジタルを使わない手はありません。

昔ながらのやり方で経営を続ける中小企業こそデジタル化を導入すべし

「人材不足や生産性向上を狙うなら、デジタル化しかありませんよ！」とデジタル化を提案しても、うちみたいな小さい会社が導入しても成果なんて出ないよ、とデジタルツールの詳細を聞くことなく拒絶する社長も多くいます。

デジタル化に後ろ向きな社長は、多かれ少なかれデジタルに対して苦手意識をもっています。これまで会社で培ってきたノウハウを完全否定されてしまうのではないか、とデジタルに恐怖を抱いている社長もいるようです。

まずはこのデジタルに対する間違った認識を正す必要があります。デジタル化が中小企業に劇的な改革をもたらすことは間違いありません。しかしその改革は、企業のもつ本来の強みやノウハウを覆すものではありませんし、まして人間から仕事を奪うものでもありません。これからの混迷の時代を乗り越えるために、必ず導入すべき便利な「道具」です。

小さな会社であればあるほど、また昔ながらのやり方で経営を続けている会社ほど、デジタルツールを積極的に導入するべきです。

デジタル化による課題解決① 業務の一部を自動化し人材不足を補う

中小企業の抱える課題の数々がなぜデジタル化によって解決できるのか、疑問に感じている方も多いことと思います。

これまで私は人材サービス業とデジタル化支援事業の2本柱で、実際にさまざまな中小企業の内側に切り込み、各企業の抱えるさまざまな課題の解決に取り組んできました。事業を通して得たデジタル活用の実質的な恩恵がいくつかあります。

まずデジタル化の最大のメリットとして挙げられるのが事業の一部を自動化できる点です。ひたすら給料計算するような繰り返し業務をデジタルツールに任せることで、人間が携わるべき仕事量を大幅に減らすことが叶います。

例えばデジタル化の代表として昨今頻繁に名前が挙がるＲＰＡ（Robotic Process Automation）は、単調な作業をロボットが担ってくれます。この正式名称は直訳すると「ロボットによる業務の自動化」になります。その名のとおり、これまで人間が行っていた決まりきった業務をロボットが代わりに担ってくれるシステムです。ロボットといってもＳＦ作品に出てくるような大掛かりな機械を導入するわけではありません。パソコンの中にあるプログラムが勝手に働いて、給与計算など単調な仕事を受けもってくれる、たいへん頼もしい存在です。売上には直結しない間接部門を陰で支えてくれる、縁の下の力持ちとなってくれるのがデジタルツールなのです。

デジタル化による課題解決②　無駄を徹底的に排除し経費削減

デジタル活用によって、無駄な脂肪（経費）をできるだけ削ぎ落とした筋肉質な経営が実現できます。

最もオーソドックスなデジタル活用による経費削減要因として、ペーパーレスがあります。例えばこれまでファクスで受けていた注文をデジタルツールにおき換えることで、印刷代が減り、経費削減につながります。さらには就業時間が短くなり光熱費を抑えられたり、通勤や搬入などの移動回数を抑えることでガソリン代を減らしたりと、経費削減の効果はあらゆるデジタル活用アイデアによってもたらされることになります。

また、人間は感情をもつ生き物です。仕事において人間の感情の働きには良い面もあれば悪い面もあります。感情が高まっているときであれば大きな成果を出すことができるでしょうし、感情が沈んでいるときは仕事に集中できなかったり気乗りがしなくて遅れやミスを招いたりと、能率にムラが出てしまいます。

この点、デジタルは感情をもちません。誰もやりたがらないような気が散りやすい業務も淡々と正確に進めてくれます。しかも夜中だろうが早朝だろうが、設備さえ整っていればいつでもやってくれるのですから非常に効率的です。

単純な業務から解放された人間たちは、人間たちにしかできない仕事に集中することができます。無駄の排除された理想的な経営と働き方が実現できるわけです。

デジタル化による課題解決③

従業員間のコミュニケーションを円滑にして離職率対策

単純な作業を人間がやる必要がなくなって残業時間が減り、有意義な仕事だけに集中できるようになると、職場の雰囲気は見違えるように変わってきます。これは、実際に私の会社や他社のデジタル化支援を経て目の当たりにした、デジタル活用による想定以上の恩恵です。

また、心情的な面以外のメリットも大きいです。デジタル化で経費削減ができると利益の上昇につながり、給料アップの形で従業員へ還元することもできます。デジタル活用の効果でこのような経営方針を新たに築くことができれば、従業員の労働意欲向上に直結することになります。

新人が会社をすぐに辞める理由の多くは人間関係です。マニュアルをデジタルツールに頼ることによって先輩社員の指導する時間が減り、各従業員は自分のやるべき業務に集中することができます。やがて、従業員間で摩擦が生じる回数も少なくなります。

さらに、ミスやトラブルを招きやすい単調な業務をデジタルツールに任せることで、問題が発生したときに誰のせいかと犯人探しをしたり、責任の押しつけあいをすることもなくなっていきます。

業種によってはリモートワークも達成できます。出社すること自体にハードルを感じていたり、家庭の事情などから職場へ赴けなかったりした人には、リモート主体で働いてもらうことで理想の労働環境をセッティングすることができます。

従業員間のコミュニケーションが円滑になれば、働きにくさを感じることも激減します。離職率は格段に下がり、人材が定着し安定的な成長を成し遂げることができるのです。

デジタル化による課題解決④　時代や人材に左右されない安定経営を確立

デジタル化の中長期的な恩恵としてデータ蓄積があります。

紙に書いたメモは捨てたり紛失したりしてしまえばそれまでです。どこかに貼付していても時間とともに劣化してしまいます。メモのなかにも経営に活用できるものがあり、貴重なデータとして蓄積していく必要性があるにもかかわらず、アナログな保管方法ではそれができません。

しかしデジタルデータとして適切にバックアップしておけば、半永久的に残し活かすことができます。これもデジタルの大きな強みです。

例えば、個人によって確立されたノウハウをマニュアル化して蓄積できます。優れたノウハウを、個人レベルではなく全員で共有できる環境が生み出せるのです。

蓄積されていくデータを可視化し、いつでも確認できるようにすることで組織の強みや弱みを把握することもできます。強みをアピールすることで他社との差別化が図れますし、弱みを知ることでどのように克服すべきかを模索することができます。データの可視化によって、個人の直感だけに頼らない現実的かつ具体的な経営計画を立てることも可能となります。

属人化という中小企業が最も懸念している課題をデジタル化が解消してくれるのです。これはすなわち、時代や人材に左右されない安定した経営地盤を形成することを意味しています。

低コストで導入できる

デジタル化というと、社内で使用している基幹システムのリニューアルや、電子データを格納するためのサーバーを購入するといった大掛かりで高額なものを想像する方も多いようです。

大スケールのデジタル化の場合は、導入するデジタルツールの選定にはじっくり時間を掛けることになります。経営層や現場で働く従業員あるいは取引先など、ステージごとに協議の場を設けて変更に伴い発生する一つひとつの課題を克服していく必要も出てきます。多大な工数を経ることは明白です。

しかし、そのような大規模工事を行うのは大手企業が主流です。中小企業の場合は小さなデジタル化を低コストで始めることが望ましいのです。

中小企業ならではのフットワークの軽さを活かしながら、コンパクトなデジタル活用から始めることができます。気になったデジタルツールを少し活用してみて効果を測り、成果が出ないようならやめてしまうというアジャイル方式も、デジタルであればこそできることです。

例えば部署間の連絡について、これまではミーティングの場を設け口頭で伝えていたものをタブレット上でチャットツールにて行うのも、一つの立派なデジタル活用です。必要な費用はタブレットの購入費が大部分で、チャットツールを便利な有料のものにしても月々せいぜい数千円の契約料が発生する程度です。合計数万円のコストで、わざわざ部署の人間どうしがスケジュールを調整して集まる必要がなくなるわけです。

実際に試してみて利便性を感じず「やっぱり以前のものに戻そう」という結論に至っても大きな痛手とはなりません。有料ツールは解約すればそれ以上費用は発生しませんし、タブレットにはほかの使い道を与えればいいだけです。

社内システム刷新に要するメンテナンス料を抑えたい場合は、システムそのものを変えるのではなくシステム操作をRPAに任せることで、導入コストを抑えながら省力化を達成することができます。

細かいところから低コストでデジタルを取り込んでいくというプランニングは、大手と比較してコンパクトなサイズ感で軽いフットワークで動ける中小企業だからこそなせることであり、その効果も絶大です。

専門的なスキルは不要

デジタルが得意な人材がいないという理由でデジタル化に対して後ろ向きになる中小企業もあります。デジタル化に際しては専門的なデジタルスキルが不可欠、と思っている人はまだまだたくさんいますが、まったくそんなことはありません。ノーコード、つまりプログラミングなど専門的なスキルを使うことなくスマホをいじる程度の感覚的な操作で使えるデジタルツールが、現代ではたくさん開発されています。

また、ツールによっては開発会社のサポートが充実しているので安心です。機能だけでなく支援が安定しているかどうかもツール選択時の重要な材料となります。

実装までの工程を自社だけで扱うことが厳しいと感じたら外部に委託するのも一つの手です。社内だけで完結しようとすると、ツールを使っていくうえで立ちはだかるいくつもの問題解決に時間を要して、かえってコストがかさんでしまうこともあります。昨今のデジタル化支援の競争激化もあってか委託料は年々安値傾向になっていますので、ハードルを感じることはありません。その分の見返りは大きいです。

古い体質であればあるほど、短期間で導入効果が表れやすい

歴史を長く積み重ねている伝統ある会社ほど、古い体質を貫いたまま経営を続けています。社内の人間にとってはそれが当たり前でも、外部の人から見れば「まだそんなことをやっているの」と唖然とするような完全アナログな業務もなかにはあるものです。

したがって、そういった古い体質の会社ほど、デジタルツール導入による影響は極めて大きいことになります。手作業で時間を掛けてやっていた業務をパソコン作業への落とし込みを飛ばしていきなり自動化できたら、大幅なショートカットとなり業務状況や財務状況の改善に直結します。

大量の経理業務を、担当者が毎日せっせと時間を掛けてこなしている中小企業は少なくないはずです。さすがにそろばんを弾いているような会社はほとんど存在しないでしょうが、電卓ですべて計算しているアナログ作業の多い旧態依然のところはまだまだ多いようです。単調で飽きやすく、精神的な苦痛も大きいですし、人為的なミスも招きやすい業務

といえます。

例えば領収書に書かれている文字や数字を自動で読み取るシステムを取り入れ、さらにパソコンの会計ソフトへ自動で入力していく流れがつくれれば、経理担当者の負担は劇的に減ることになります。負担が減った分、経理担当者には財務状況を深く吟味する余裕が生まれます。そして、より健全な財務状況に改善していくための計画づくりに時間を掛けてくれるようになり、会社のさらなる生産性向上にもつなげることができます。

このような古いやり方を貫いていた箇所にデジタル化のメスを入れることで、劇的な変身を遂げることができ、短期間で導入の効果を得ることができます。

ＩＴ導入補助金制度を活用できる

デジタルツールを積極的に導入する中小企業向けの支援策として「ＩＴ導入補助金」があります。

補助金の内容は時代に応じてさまざまな観点から提案・更新されています。新型コロナウイルスで活動自粛や経済縮小を余儀なくされた２０２０年から２０２１年に、感染リスクを抑えるための非対面化のデジタル活用を導入した企業には補助金が出るという新たな制度概要が追加されました。サーバーを増設したり、リモート用のパソコンやタブレットを導入したりした場合に補助金が出る内容となっています。

このような金銭的リスクを抑えるためのデジタル化支援策はいろいろと用意されているので、国を挙げての推進が行われている機会を見逃さず、デジタル化を積極採用することは重要な決断です。

デジタル化関連の補助金について、最新の情報を集積している中小企業向けの情報媒体はいくつかあります。一例として、独立行政法人の中小企業基盤整備機構が運営する「J-Net21」には、補助金や助成金などに関する最新情報がデジタル化関連にとどまらず広い範囲で網羅されています。なかでも「支援情報ヘッドライン」というコンテンツでは全国の中小企業向け施策を毎日のように更新しているので参考になります。何から調べたらいいか分からない、最新の情報がつかまえにくいと感じたら、まずはこちらを参考にすることができます。

中小企業だからこそ受けられる補助金や助成金を活用して、デジタルツールを積極的に取り入れることが求められているのです。

デジタル化は真の働き方改革

私の会社のデジタル活用は給与計算の自動化から始まりました。現在進行形で、決まりきっている業務の数々の自動化にチャレンジしているのですが、デジタル活用前の頃と比較してたいへん働きやすい環境へと様変わりしたと、経営者の私から見ても実感しています。

人間の手によって行われる事務作業の時間が、デジタル活用前の6分の1ほどにまで減りました。これだけでも相当なデジタル活用の恩恵を得られていますが、今後さらに削っていくことができると予想しています。

従業員が事務作業で残業することは滅多になくなりました。子どものお迎えのため、毎日16時に退社する従業員もいます。毎日事務作業が山のようにあった時代では考えられない変革です。残業なしはあり得なかったですし、16時退社希望者を雇うことは叶わない状況でした。

もし業務時間内に作業が終わらない日があったら、なぜ終わらなかったのか、時間内に終えるためにデジタル化できるところはないか、皆で話し合いの場をもてるようになりました。以前だったら仕方ないと我慢していたことです。デジタル化がもたらされなければ、このような前向きな意見や動きは出てこなかったに違いありません。

デジタル化は単なる経営改善の手段ではなく、真の働き方改革だと今は強く感じています。

従業員の悩みを取り除くことが働き方改革の根本です。悩みを放っておくと労働を苦痛に感じ、会社を離れていってしまう人が後を絶ちません。人が育たなければ会社の成長はあり得ませんから、先細りの経営になってしまいます。

従業員の悩み解決のため、楽にできるところは楽にしてあげるのがデジタル化の本当の役割だということを、私は自社の経験を通して知ることができました。

デジタル化は現代人の働き方を大きく変える存在なのです。

会社の未来を見せる最善策

自社に働き方改革をもたらしたことで、従業員に会社の未来を見せられるようにもなりました。今後もっともっと良い職場になっていく、その未来予想図をデジタル化のおかげで明確に描くことが叶ったのです。

子育て中の人でも問題なく、残業や休日出勤をすることなく人間らしく働ける環境が実現していくことで「将来もこの会社で働き続けたい」という気持ちが従業員のなかで高まっているのを感じています。そしてその願いに基づいて、では自分にはどんなことができるだろうか、とさらに深く考え、実際にアイデアを出し、日々積極的に行動してくれています。これもデジタル化がもたらしてくれたすばらしい効果です。

上司が有給休暇を取る余裕もなく働いている姿を見ると、部下たちは、自分もいずれあんなふうになるのか、と出世していく意欲を失ってしまいます。しかしデジタル化によって業務がスリム化し、管理職でも休暇を普通に取れ、充実した働きぶりを実現できていれば「この会社で働き続けたい」という気持ちが自然と高まります。まさに会社の未来を見せることができました。

ホームページをリニューアルして外部に会社の未来を発信することも、デジタル活用の一つです。デジタルを積極的に活用していて、働きやすい環境づくりを徹底していることをアピールできれば「ここは何か新しいことをやっているぞ」と自然と人が集まってくる会社になってくれます。

中小企業の経営者である私の立場からいえば、働く人に優しい会社にしていかないと、この人材不足の時代に知名度の低い中小企業に人は集まってくれません。

アナログなことをやっていたら、会社に成長や改善はありません。働いている人たちに落ちていく姿しか見せられないのです。未来を見せてあげることこそが、中小企業の明暗を分けるポイントなのです。

余裕ができて、個々のスキルが育つ

デジタル化は、従業員それぞれの資質にも大きな変化をもたらします。

一部業務の自動化が実現できれば業務担当者に時間の余裕ができます。1日の労働時間が8時間であれば、そのうちの1時間は余裕をもてる従業員も出てきます。その1時間を、新しいことにチャレンジできる時間にするのです。

例えばその時間を使って、もっとデジタル活用できる業務や、会社にさらなる変革をもたらせるデジタルツールを探すことができます。資格があるほど仕事の幅が広がる業種であれば、資格の勉強時間に充てられます。私の会社では、専門性の高いデジタルツールを使いこなす技術を身につける時間に使ってもらうようにするなど、従業員のスキルアップの時間に充てています。

時間に余裕のできた人が集まって、事業規模を広げるための次なる戦略会議を開くこともできます。それは会社を一段階引き上げて経営をより盤石なものにし、困難を極めていく時代でも乗り越えられる中小企業へ強化する糧となります。

個人の話をすれば、これからは何か秀でたスキルがないと社会では生き残ることが難しい時代になっていきます。会社にしがみついて与えられた業務をこなしていれば定年まで安泰というわけではありません。余裕のできた時間で個々のスキルアップをすることで、個人の能力が育ち、各々の未来もより明るくすることができます。

社長自身も、業務の一部をデジタルに任せることで社長にしかできない業務に集中することができます。社長に依存した業務が減っていけば、社長に万が一のことがあっても事業を続けられる体制を築くことも可能です。従業員たちを巻き込んで新しい事業展開の話を広げることもできます。

デジタル化は一見すると機械だらけの殺伐とした話に見えますが、実は人にフォーカスした取り組みなのです。働く人たちにとって最高の職場、未来を見せられる職場にするため、業務に追われ続けていて余裕のない中小企業は積極的にデジタルの力を借りる姿勢に切り替えるべきです。

［第2章］

業務フローの整備が
デジタル化への第一歩

欠かすことのできない現場の理解と協力

「デジタル化がすごいらしい。今すぐ始めよう！」

と、上層部の号令一つで社内のデジタル化を強引に推し進めようとする企業がありますが、これは得策ではありません。デジタル活用は現場で働く方々にとって新しい働き方の提案になるわけで、初めは現場で多少の混乱が発生することは免れません。「これまでの働き方のほうが自分には合っていた」「デジタルなんて自分には向いてない」といった現場の抵抗に遭遇することもあり得ます。

つまりデジタル化に際して必要となるのは、現場で働く人や仕事に関わる人たちの気持ちを汲みつつ適切なコミュニケーションでお互いの理解を深め、全員で歩調を合わせながら進める姿勢です。これが実現できないまま強引に推し進めてしまったら、反感を買って人材を失う事態を招いてしまうことでしょう。経営を上向かせるためのデジタル化が、かえって逆効果を与えてしまうことにもなりかねません。

近年はデジタル化や、デジタルによる生活やビジネスの変革を意味する「デジタルトランスフォーメーション（ＤＸ）」に関する書籍やセミナーが多数ありますが、現場の理解や協力に言及しているものは少ないと感じています。

専門書籍やセミナーでは、デジタルツールの特徴や違いの説明に終始し、いかに最適なツールを導入するかという点に重きをおいている印象ですが、本来であれば現場で働く人の心を動かすための仕掛けを施してからデジタル化を推進するべきなのです。

デジタル化にあたってはまず、「業務の棚卸し」をすることになります。従業員たちから、各々がどういった仕事を担当していてそれぞれの仕事がどういった連携の仕組みを経てつながっているのかを聞くことから始めます。しかしこのヒアリングによる業務の棚卸しというのも、従業員が前向きな姿勢を見せてくれなくて、なかなかうまく事が運ばないケースがよく見られるのです。

まずは従業員それぞれの気持ちを理解して、デジタル化に対する警戒心を解かなければいけません。もっと率直にいってしまえば「デジタル化で仕事を奪われるかもしれない」という不安な気持ちを解消させてあげる必要があります。

社員にとっては「嫌な作業が減る」「怒られなくなる」が最大のメリット

経営層にとってデジタル活用は、経費削減や生産性向上といった合理的なメリットを感じることが多いものです。しかし従業員に、経費の削減と生産性向上のためデジタルツールを積極的に導入することを発表し、会社の将来のためになるからとデジタル化への協力を呼び掛けたところで、彼らの心に深く響くものではありません。なぜなら従業員にとってまず大事なのは、会社の安定経営よりも自身の雇用維持と生活保障だからです。「機械に仕事を奪われるのではないか」とガードを堅くしている従業員には、余計に経営層の声は冷酷に受け取られてしまいます。

そこで伝えるべきは、デジタル化によって従業員が得られる直接的なメリットです。すなわちこれまで嫌だと思いながらやっていた作業やミス、トラブルが多発していた作業がデジタル化によって減ることを強調するのです。

加えて、これからは人口減少に伴い人材が非常に貴重な存在となっていくため機械にできることは機械に任せ、従業員には人間にしかやれないことに専念してほしいと機械に仕事を奪われるわけではないことを理解してもらうことが必要です。「仕事がなくなる心配がないのなら」「嫌なことが減るなら」「ミスして怒られることがなくなるなら」と懐疑派や反対派の気持ちを動かし、デジタル化に協力的な姿勢を引き出していく必要があるのです。

伝え方一つで現場の受け止め方は段違いです。経営というビジネスライクな枠ではなく、現場で働く人一人ひとりの心に届けて動かしていく伝え方が重要になります。

それぞれの目標を明確にする

デジタル化にあたっての第一のポイントは、各々のゴールを明確にすることにあります。やることは同じであっても、最終的に達成される目標は経営陣と現場で大きく異なることを踏まえておかなければいけません。

デジタル化はこんなに便利なのに、なぜ理解してくれないのかと嘆く経営陣やデジタル化担当者がいますが、多くはこの点に気づいていないため、現場の抵抗にあっているように見受けられます。

これはデジタル化全体だけではなく、各々の業務の棚卸しとデジタルツール導入検討時にも必要な視点です。「何のために導入するのか」「目的と手段が逆転していないか」スタート地点と最終的なゴールを俯瞰しながらデジタル化を進めていくことが肝心です。

デジタル化失敗の典型パターン

デジタル化に際して絶対にやってはいけないことがあります。それは、自分たちはデジタルに疎いからとか本業で忙しいからという理由を付けて、自社の状況を説明もせずに外部委託業者にデジタル化を丸投げしてしまうことです。

デジタルツールの開発会社や経営コンサルタント会社、ＩＴ化の支援を行うＩＴベンダーなど、デジタル化関連事業者にもいろいろ選択候補はありますが、デジタルには強くてもデジタル化を導入する企業の業務に明るいわけではありません。

ですから、時にまったくチグハグで使いものにならないデジタルツールを導入するという大失敗の結末を招いてしまうこともあります。これは先方に悪意があるのではなく、企業がデジタル化を社外へ丸投げしてしまったことに問題があります。現場の意見がまったく反映されていないツールが提供されるのも当然の話です。

このデジタル化大失敗の煽りを受けるのは、現場で働く人たちです。しかも導入後のサポート対応を行わない事業者なら最悪で、改善のしようがなく、ツールは誰にも使われないまま会社の遺物と化してしまいます。お金をドブに捨てるだけでなく、現場をかき乱されただけだとか、頑張って稼いだ利益を無駄にされたと不満を抱く社員がいれば、社内の雰囲気も悪くなり、経営に支障が出てくる事態も考えられます。

「せっかくなら新しいものを導入しよう」と何も考えず最新のデジタルツールを導入するのも危険です。バグやシステムダウンといったトラブル続きで、まったく使いものにならないという失敗談をよく見聞きします。

新しいデジタルツールは未熟なものが多く、品質が保証されているものではありません。大手企業が取り入れるならまだしも、中小企業が採用するにはリスクが高過ぎます。社長が新しい物好きな中小企業は注意が必要です。

システム一新の大きな罠

基幹システムを社内で動かし業務の基盤を築いている会社だと、そろそろシステムを一新したい、という声も出てきます。

私の会社がデジタル化を支援しているある中小企業では、私たちが参画する前に一度デジタル化を検討し、関連事業者の提案に従うまま多額の費用を掛けてシステムを一新しました。「そろそろシステム更新をかけないと業務に支障が出てくる」「追加したい機能がいくつもある」という現場の声を受けての判断でした。

利用者の要望を引き出しながら労力をかけて出来上がったシステムだったのですが、完成度は最低でした。機能をいろいろ追加したために操作が複雑になり、デジタル慣れしていない従業員からの評判がすこぶる悪かったのです。見た目は今風に改善されても使い勝手は悪化していて、かえって業務に掛ける時間が増えてしまう始末でした。

挙句には、これならシステムを使わないほうがましだと誰もシステムを触らなくなり、システム導入前の時代に逆戻りする事態となってしまいました。多額のシステム一新費用が水の泡です。

中小企業において、社内システムの一新は得策ではありません。この事例のように高過ぎるリスクを負うこともあるのです。

これまでやってきたことをまるっきり変えてしまうのは現場に掛かる負担が大き過ぎます。それよりは、基幹システムを活かしながら周辺の業務にデジタルツールを差し込む発想のほうが、ローリスクで大きな恩恵を得られます。

「とりあえずデジタル化」は失敗のもと

中小企業にありがちなそもそもの大きな勘違いは「何でもかんでもデジタル化すればうまくいく」という発想です。

事業者に丸投げすると「必ずデジタル化する」という出発点から着手してしまうため、デジタル化しなくてもいい機能までデジタル化してしまい、使われることのないデジタルツールを取り入れる結果を招いてしまいます。

つまり、デジタル化ありきでデジタル化していくと失敗を引き寄せることを踏まえておくべきです。デジタル化以外の方法で課題が解決できるのであれば、そのほうがいいこともたくさんあるものです。

ツールの開発や導入までの流れを外部に委任するとしても、社内でできる限りの協力が必要です。要望や改善点を整理し、デジタル化の先にあるビジョンも明確にしながら、委託先とのやり取りを進めていくべきです。そして、外部からの提案に対してもじっくり社内で協議し、本当にデジタル化するべきか、という視点から話を詰めていくのです。

加えて、パートナーの選定も重要です。デジタル化以外の改善方法も提案してくれるような、広い視野でサポートしてくれるデジタル化支援事業者が理想といえます。

重要となる担当者の選定とケア

デジタル化改革プロジェクトを社内だけで進めていくときも外部に委託するときも、窓口となるデジタル化担当者は必要となります。デジタルに慣れている人材を選ぶことが理想ですが、外部との交渉がメインであればデジタルに詳しくない人材でも問題なく進めていくことが可能です。

[図表1] プロジェクトメンバー

プロジェクトオーナー

担当業務
①プロジェクトの方針・判断・重要事項の迅速な意思決定
②プロジェクト成功のために必要な時間、人員、予算等の確保
③部門間調整、全社伝達等の補佐
④プロジェクトマネージャーからの提言に対する迅速な回答・判断・意思決定
⑤業務報告の確認

プロジェクトマネージャー

担当業務
①プロジェクトの成功に向けたタスクの洗い出しと分担
②プロジェクトメンバー間での情報共通認識化
(仕組み、ルール、ツール等)
③プロジェクトミーティングの円滑な進行
(議題決定、課題抽出、論点整理等)
④部門間の必要な調整作業
⑤担当コンサルタントとの情報連携
⑥業務報告の確認

プロジェクトチーム

担当業務
①プロジェクトミーティングへの参加
②プロジェクトタスクの実行
③エンジニアとの情報共有
④担当コンサルタントとの情報共有

担当コンサルタント及びエンジニア

担当業務
①プロジェクトミーティングへの参加
(必要に応じてエンジニアも参加)
②プロジェクト成功に向けたサポート
③プロジェクトミーティングで弊社が担当する業務の要件整理(エンジニア担当)
④業務の実作業(エンジニア担当)
⑤業務報告の作成(担当コンサルタント)

(自社資料より作成)

デジタル化担当者に、デジタル化のためのプランニングやフロー構成を本来の業務と並行した兼務の形でやってもらうことはできません。

残業代を多めに出す、手当てを増やす、といった付加報酬の条件付きで募集をかければ、社内から担当してくれる希望者が出てくるかもしれません。

しかし中小企業では、業務がパンパンの状態に詰め込まれている従業員が大多数です。本人がデジタルツールに対して興味を抱いていて、社内の課題を解決したいというモチベーションを高く維持できるとしても、本来の業務との兼務はほぼ不可能です。

よくあるのは、本来業務と兼務の形で従業員にデジタル化を担当させたところ、時間がないため詳細にわたる調査や比較をせず、安易に高価なデジタルツールを購入するだけで、その後はデジタル化の任務から離れてしまうケースです。

これでは使い方のレクチャーや浸透させるためのフローが確立されておらず、誰も使うことのないままで終わります。デジタル化はお金を無駄にしただけで失敗だったとデジタル化へのネガティブな印象のみが残ることとなります。デジタルツール導入に消極的となり、旧態依然とした組織体制から抜け出せなくなってしまいます。

そのためデジタル化担当者は兼務ではなく、デジタル化だけに専念できるような環境で業務に当たらせる配慮が必須です。完全な専念が難しければ日々の業務の半分程度をほかの従業員に配分し、確保できた時間にデジタル化業務を充てるよう調整をします。

やっているフリの蔓延をなくそう

デジタル化に失敗している会社の多くは、導入したデジタルツールが悪いのではなく、社内のデジタル化体制に問題があります。

上層部は改革プロジェクトの担当者を選定しただけでデジタル化を推進している気になり、担当者は日々の業務が忙しいため定期報告をするだけでデジタル化業務に取り組んでいるアピールをし、挙句には適当に選んだツールを購入しただけで、デジタル化は完了したと思い込むわけです。

このような歪んだ体制、やっている感だけが蔓延しているとデジタル化は完全に形骸化してしまいます。失敗するためにデジタル化をやっているようなものです。

ただ「選んだだけ」「導入しただけ」のやっているフリで終わることのないよう、担当者だけでなく経営層、従業員、そしてデジタル化支援を担うパートナー会社も含めて、全員が一丸となってデジタル化に真剣に取り組めるよう協力し合える環境をつくっていくことが大切です。

導入したデジタルツールの効果検証のための指標を設け、各者間で綿密に協議し進展を確認していく体制づくりは絶対必要となります。

デジタル派とアナログ派の両立も視野に入れる

デジタル化と聞くと、すべての業務を自動化できるものだとかボタンを押すだけで今だと1カ月掛かる作業を半日で終わらせてくれるものとしてとらえている社長にも出会いました。

10段階ある業務のうちの5段階をデジタル活用で自動化する提案に対して、人のする作業すべてを自動化できるわけではないことを伝えたら不満を述べられたこともありますが、そういった極端な思考はデジタル活用をしていくうえで危険です。

たとえ大部分を自動化できたとしても業務を人の手から完全に切り離すことはできませ

ん。人の確認による作業は絶対に必要ですし、定期的なメンテナンスや更新も欠かません。したがって、少なからずデジタルツールの使い方を従業員に浸透させる必要があります。

デジタル化ですべての業務を自動化することなどできません。自動化できそうなところから順次自動化していくのがデジタル化の極意です。

ありがちなデジタル化失敗談としては、翌日から報告書作成業務は手書きではなくデジタルツールで行うなど、いきなりデジタル仕様を全従業員に課すことが挙げられます。これではデジタルに不慣れな人は付いていけず反感を買うことになってしまいます。

報告書であれば、これまでどおりの手書きとスマホやタブレットなどデジタルツールを介した入力作成の双方を並行して行ってもいいのです。4割程度がデジタル派になっただけでも管理は簡略化され、担当者の負担は減ります。

このようにアナログとデジタルが混在していても問題ないような業務の仕組みを確立していくことが、デジタル化を成功させる秘訣です。

巻き込んでなじませる

人の心理として、周りの人がやっているところを見たら、自分もやってみようと抵抗感を緩めていくものです。

みんながやっているのを見て「大丈夫そうだ」「自分にもできそう」「やってみたい」と感じることをバンドワゴン効果というそうですが、この心理現象をデジタル化にも利用して浸透を目指すことができます。

あるデジタル化支援先では、まずはデジタルに慣れている若い層にデジタルツールとしてスマホのアプリを業務で使ってもらいました。すべての従業員にデジタルツールを強制するのではなく、まずは慣れている人から移行してもらうというスタンスです。

若い従業員は少ないので3割程度の効率化で、デジタルに不慣れな残り7割の従業員はこれまでどおりアナログな方法で業務を続けました。

バンドワゴン効果はすぐに表れました。これまで時間を掛けてやっていた業務を若い従業員がスマホで手早く終えているのを見て、アナログ派もスマホをいじるだけなら自分でも楽にできそうだと感じ、次々とデジタル派へ翻っていったのです。

最終的には8割以上がアプリを使って業務を進めるようになりました。業務全体の負担は大きく減り、生産性向上を実現することができました。

このように、まずは一部の従業員だけでいいのでデジタルをなじませるのは有効なやり方です。そして少しずつ反対派や中立派の人たちを巻き込んで、アメーバ式にデジタル派を増やしていくことが最も効率が良いデジタル化といえます。

効果は緩やかですが、着実な方法です。コンパクトな領域からデジタル化を進めていくスタイルは、部署ごとの隔たりが大きい大手企業ではなかなか真似できることではありません。

ジャーニーマップでデジタル化成功率を上げよう

デジタル化に際しての心構えを踏まえたうえで、実践編として知っておきたいのが「ジャーニーマップ」です。

ジャーニーマップとはデジタル化とは直接の関係はなく、社内業務を細分化して、埋もれていた課題と最適な解決方法を見つけ出すための施策です。長らくブラックボックス化していた業務も棚卸しして、きちんと文章化・可視化していくことを目的とします。

デジタル化したいポイントや導入すべきデジタルツール、明確なデジタル化の流れが決まっているならばジャーニーマップを作成する必要はありません。ただ、多くの中小企業はどこから手を付けるべきか分からないということがありますし、会社の全体像を俯瞰してじっくり眺める絶好の機会にもなるので、デジタル化の前に行う価値はあります。

ただし、ジャーニーマップは完成を目指すものではないという認識が重要です。完成度はまったく気にしなくていいのです。

会社内の全業務を徹底解剖するのがジャーニーマップのミッションではあるものの、ゴールはあくまでデジタル化できそうなところを見つけることにあります。ジャーニーマップを完成させるとなったら全従業員の協力は絶対に必要となり、手掛ける時間も計り知れず、かなり骨の折れる作業になります。部署ごとに、どんな仕事をどんなふうにやっているのかという実態や現場の声を集めていくことになりますが、部署によってはそんな時間をつくる余裕のないところもあり、マップをすみずみまで埋めることなど到底できま

[図表2]　デジタル化ジャーニーマップのモデル

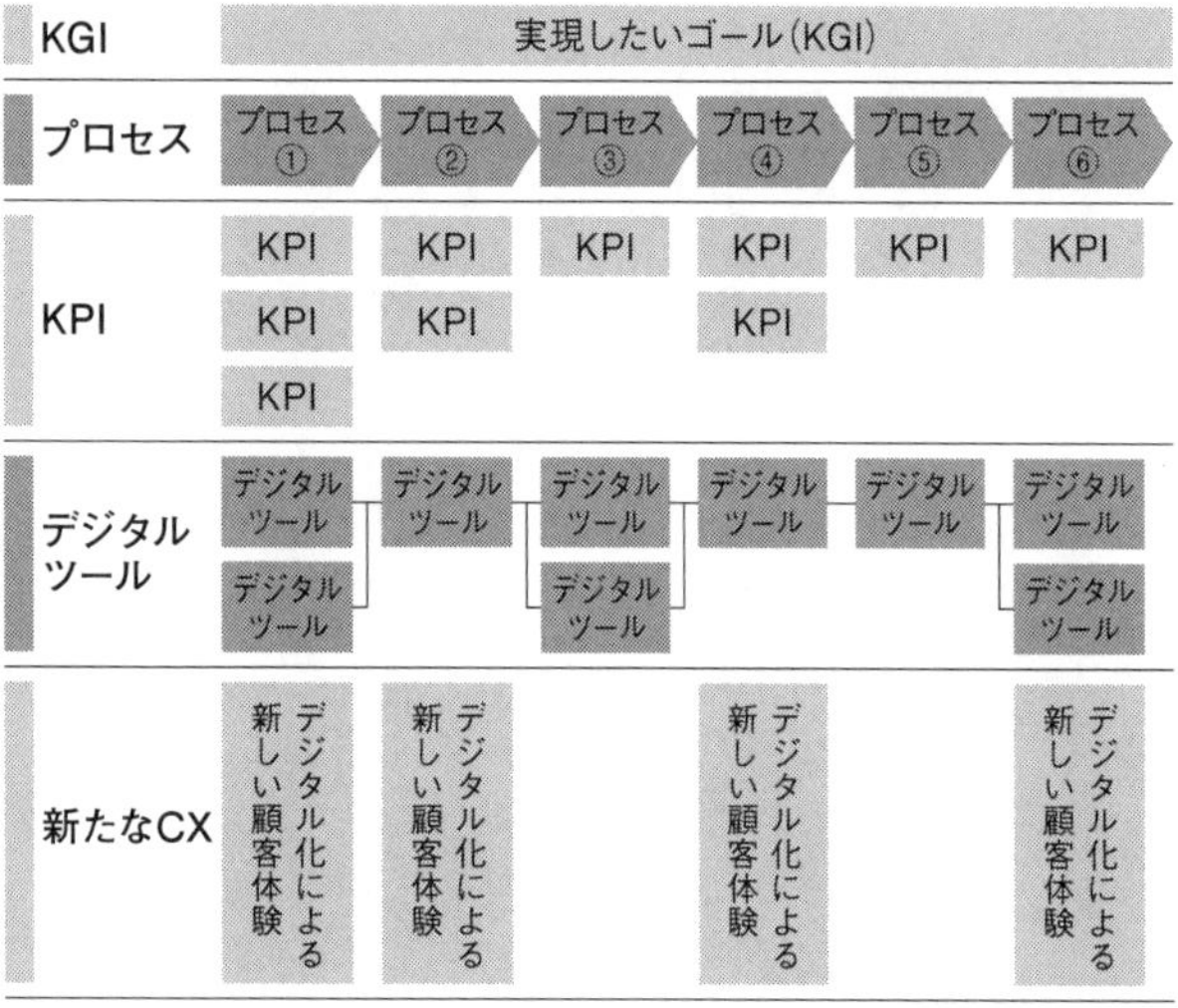

(自社資料より作成)

せん。

ジャーニーマップは、分からないところは分からないまま、いくつも穴があっていいものです。どこに大きな課題があるのか、どの課題から着手すれば会社に大きな貢献があるのかを見つけ出す作業ですから、大きく時間を割いて取り組む必要はないのです。一つの課題を乗り越えるたびに少しずつマップの領域を広げ、穴を埋めていくというやり方も可能です。

目的と手段を間違わないようにする

ジャーニーマップを作成することで、現場で大きな負担になっている業務や、従業員が嫌だと感じながらやっている業務、無駄やミスが発生しやすいポイントを発掘することになります。デジタル化前提でこれを行うと、「ではこれら嫌な業務や無駄な業務を、デジタルでどうやって解決しようか」という視点で計画を進めていくことになりがちですが、実際はそうとは限りません。デジタル以外の手段で課題解決するパターンがあってもいいのです。

つまり、デジタル化は必ずしも最終的な目的とはなり得ません。ジャーニーマップでいろいろと課題を見つけ出した結果「この課題を解決したいなら、デジタルツールを取り入れるのがいいよね」という理屈でデジタル化の結論を導けることが理想となります。したがって、地図をつくるにあたってデジタルツールは最も下位に存在する項目になります。

デジタルツール導入は手段の一つです。目的ではありません。これを取り違えて、デジタルツール導入を目的としてジャーニーマップを作成してしまうと、効率性の低い高価なツールを仕入れることにもなりかねません。目的と手段を間違えないよう注意しなければならないのです。

みんながハッピーになれる地図をつくる

ジャーニーマップの考え方やつくり方についてはいろいろなパターンがあります。ここではデジタル化を手段として、私たちが実際に実践してきている方法に基づいて説明します。ジャーニーマップには「KGI」「プロセス」「KPI」「デジタルツール」「顧客体験・従業員体験」を項目として入れることになります。

KGIはKey Goal Indicatorの略で、簡単にいえば最終的な目標、実現したいゴールを指します。ここに入れる題目はあまり難しく考えないほうがいいです。

会社全体のKGIをつくる場合は「年商○億円」「離職率○%」などが考えられますが、壮大な目標を掲げるとマップ作成にも時間を掛ける必要が出てくるので、ここではもう少し目標を狭く絞ってKGIをつくります。「新人教育の指導時間を半分にする」とか「伝票の転記作業を減らす」とか「紙の印刷代を減らす」といったものでもれっきとしたKGI

です。

プロセスは会社すべてで展開する場合は業務全体の流れを書くことになりますが、デジタル化に向けては「ＫＧＩを阻害しているプロセス」を書き入れる解釈が適当です。プロセスの把握には現場からの聞き取りは不可欠になります。

指導時間を減らすことが目標であれば、阻害しているプロセスとして「現状のマニュアルが図版が少なくて分かりにくい」「同じことを何度も質問される」などが現場から挙がってくることが考えられます。転記作業時間を減らすのを阻害しているプロセスなら「いちいち商品をコードに変換しないといけない」「コード番号をコード帳から見つけ出すのが手間」といった声が出てきそうです。この段階で課題部分がかなり明確に浮き彫りになり、解決の手段も見えてきます。

ＫＰＩはKey Performance Indicatorの略で、最終目標として設定したＫＧＩに向けて、途中経過や正しい道を進めているかを確認するための指標を意味します。客観的な数字として表現できるものを採用します。例えば実働時間が何％カットされたかとか、売上増加率や経費削減率でもいいですし、残業時間や有給取得率などもＫＧＩによっては一つ

［図表3］　デジタル化ジャーニーマップ

実現したいゴール「こんな部署にしたい」

実現したいゴールを阻害しているものは何ですか

阻害しているものはどうしたらなくなりますか

（自社資料より作成）

の指標になります。

大手企業の場合は売上や利益あるいは経費がＫＰＩに取り上げられがちですが、中小企業の場合はまず働き方や顧客サービスなど、人間どうしのつながりに基づいた指標を入れるほうが適しています。中小企業にとってのデジタル活用は、経営の安定よりも働き方改革を促すことに主眼をおくからです。

デジタルツールは導入するツールの候補を挙げていきます。目標達成のために必要なツールを慎重に選ぶことが大切です。すぐには埋まらなくてもいいですし、デジタル化以外での解決方法が見つかったのであればここは空白でもかまいません。

解決方法を無理に見いだす必要はありません。ジャーニーマップは業務の可視化や課題の発掘をするための出発点であり、この課題はまだ手を付ける必要はないという結論に至る箇所があってもかまいません。最後に顧客体験・従業員体験です。ここには、ツールの導入によって顧客や従業員など業務に関係する人たちがどういった幸せや快適さを享受できるかを明記します。

書いているだけで、あるいは読むだけで幸せになれるようなワードをここにちりばめることで、全員一丸になってやる気が出るというのがこの項目をつくるうえでの理想です。目標があって、阻害するものがあって、参照する指標と解決するツールがあって、解決した先に待っている体験を書くのがジャーニーマップ作成の大まかな流れです。

いずれの項目でもみんながハッピーになれるための、そして目標達成に取り組むモチベーションを上げられるような内容を心掛けることで、ジャーニーマップはより充実したものになります。

管理職でも連休が取れる環境に

私の会社で行っているデジタル化支援事業では、顧客である中小企業をジャーニーマップ作成からサポートするケースが増えています。

業務の全体像が把握できなければ優先して解決すべき課題が見えてこず、適切なデジタルツール選びには至れません。支援にあたっては、まずはジャーニーマップをつくることを提案するのですが、日々の業務に手一杯で現場から声を引き出すことに苦戦し、スムーズなマップ作成ができていない中小企業がほとんどです。そこでデジタル化よりも先にジャーニーマップの作成支援から入ったところ、よりスピーディーに課題をあぶり出すことができ、適切なデジタルツールの提案が行えるようになりました。

実際に支援したなかで作成したジャーニーマップの例として、ある中小企業の悩みの種が例に漏れず人手不足だったというケースがありました。経営層は離れていった人員を補うための補充策に終始し、なぜ人材が定着してくれないのかという理由を探ろうとはしていませんでした。

そこで私たち支援チームが間に入り現場の話を聞いてみると、管理職がボロボロになるまで働いている姿を見て、こうはなりたくないと感じ、会社を離れていく人が後を絶たなかったという事実が明らかになりました。

つまり、管理職の働き方が見直されれば人材の定着が目指せるかもしれないということです。そこでまずは管理職業務をジャーニーマップの主体とし、どういった業務に日々追われているのかを掘り下げていきました。

とはいえ管理職も、自分たちの仕事を細かく観察されるのは歓迎できることではないかもしれません。一生懸命に働いているのに、自分のやっていることが否定されるのではないかと警戒され、業務内容の棚卸しに非協力的になってしまうことも考えられます。

そこでまず、マップ作成にあたって「連休が取れるようにする」というＫＧＩを立てました。

ヒアリングのなかで、「管理職になってから連休が取れなくて、家族で旅行へ行けない」という切実な悩みを事前に引き出すことができていました。そこで「連休が取れたらうれしいですよね、それをゴールにしましょう」と提案したのです。

この提案に管理職も乗り気でした。業務が見直されるだけでなく、連休が取れて充実したワークスタイルを実現できるのですから、歓迎しないわけがありません。自動的に「取得できた連休日数」がＫＰＩとして決まります。

連休取得を阻んでいるプロセスは明白で、管理職に託された大量の業務でした。まずはこれらの負担を軽くすることから始めます。きちんと一つひとつ棚卸しして、ほかの人にもできるものは任せられるようにし、繰り返し業務はRPAなど適切なデジタルツールに任せることでかなりの業務時間が削減できるプランを立てることができました。

最終的な従業員の過ごし方は、もちろん取得した連休で家族旅行をすることです。加えて、若い従業員たちが管理職のスマートな働き方に憧れて出世を望むようになり、離職率も下がるという企業にとってもすばらしくハッピーな体験が期待できます。

マップに描いたとおりにプランは遂行され、管理職の負担は日に日に減るはずです。

ジャーニーマップ作成の発想がなければ、管理職の苦しみを知ることはできなかったでしょうし、デジタルツール導入の先に待つ未来を共有することもできませんでした。ジャーニーマップ作成の意義を実感できる好事例でした。

繰り返しをなくして業務負担を軽減

もう一つのジャーニーマップ作成事例では、さらにシンプルなプランを立てました。

この中小企業は建築業を営んでいました。一次下請けのポジションで、元請けから下りてくる各種書類を自社用に加工し、さらに二次下請けとなる外注先ごとの仕様に直して下ろしていく業務が従業員たちの手を煩わせていました。しかもこれら書類はデータではなく手書きだったため、同じ内容の書類を各社仕様に何度も転記する繰り返し作業が多発していたのです。

ＫＧＩは「繰り返しの書類転記作業を減らす」、阻害しているプロセスは「紙ベースで書類が送られてくる」「各社の仕様に合わせた書類に直す必要がある」といったものが挙げられます。ＫＰＩは端的に「書類作成担当者の作業時間」となります。解決した先には「嫌な繰り返し作業が減り心身の負担軽減になる」といった従業員体験が得られるはずです。

ベストなデジタル活用でいえば紙ベースをなくすことですが、業界特有の縛りがあり、取引相手に紙ベース廃止を要請するのも難しい話です。

そこでデジタルツールは手書き文字を自動で読み取れるＯＣＲ（Optical Character Recognition またはOptical Character Reader＝光学文字認識）と呼ばれるツールを導入しました。加えて書類作成時に必要な科目コードなど細々した直し作業を自動でできるようにしました。

ＯＣＲは導入に費用が掛かりますが、後者の直し作業自動化はエクセルなど既存の導入済みツールで実現しました。その結果、コストを最小限に抑えながら書類作成担当者の作業時間を減らすことができたのです。

業務が改善し作業負担が軽くなると、こういう業務があるのだが、自動化できないだろうか、とさらに次の要望が出てくることもあります。再度のジャーニーマップ作成にあたり、適切なデジタル活用を見いだすことから始め、課題解決に取り組んでいる真っ最中です。

経営者サイドの「経費を減らしたい」「利益を最大化したい」といった目標に即したデジタル活用ではなく、現場に寄り添ったデジタル活用を見つけるうえでジャーニーマップは重要な位置にあります。会社の文化や風土を尊重し、従業員のペースに合わせた現実的なデジタル化のステップを踏むことができるようになるのです。

［第3章］

低コストで生産性を上げ人材不足も解消する中小企業のためのデジタル活用具体策

デジタル化チームを組む

デジタルツールの検討導入を行うための人選をするにあたり、デジタルに詳しい人を選ぶ必要はありません。選考基準としては「普段からパソコンやスマホなどの一般的なデジタルツールに触れていて、デジタルに抵抗感がない」「社内のデジタル化を歓迎している」といった条件を満たしていれば問題はありません。部署やポジション、年齢など関係なく、まずは希望者を募ることにしてもかまいません。

適切なチームの人数は、事業規模やデジタル化のスピード、スケール感によってさまざまです。デジタル化を導入する業務を決定しデジタルツールの選定発注を行うなど、内外のやり取りを主とするなら担当は一人でも可能です。デジタル化の具体的な構築実行も社内で進めていくのであれば、チームは複数人で組織するほうが望ましいです。

私の会社を例にすると、最初の一歩は幹部が一人で担当しました。デジタル化が本当に実現できるかどうか手探りの状態でしたが、とりあえずチャレンジすることから始めました。四苦八苦しながらもなんとか実装が叶いデジタル化の恩恵を感じた瞬間、さらに、デジタル化できるところはどんどんしていこう、とより重心を掛けることにし、チームを増員していきました。

デジタル活用において現場のヒアリングは不可欠です。チームが勝手に計画を推し進めることはご法度です。ですからチームの役割としては大きく、デジタルツールの選定導入と現場とのコミュニケーションの2本柱となります。

社内にデジタルに対して積極的な人材がいて、デジタルツール導入を外部発注ではなく内製することを決めた場合には、デジタルツール導入担当者と現場とのコミュニケーションを図る担当者は役割を分けるほうが無難です。

デジタルツールの導入と現場とのコミュニケーションのどちらの業務も一筋縄ではいきません。すべてを一人で請け負うのは大変ですし、どちらも得意としている人材というのは滅多にいません。分担作業で進めていくのが望ましいのです。

もう一つ、デジタル化チームが考慮すべきなのが予算です。

デジタル活用によってもたらされるメリットと、導入に伴って支払われるコストとのバランスは常に意識しないといけません。絶大な恩恵がもたらされるだろうとか、会社の未来が一気に明るくなるかもしれないと考え、前のめりでやたら高額なデジタルツールを取り入れても、実装してみたら現場では大不評でいつからか誰も使わなくなってしまった、ということになってしまってはとんだ損失です。

そうならないために、まずはリスクの低いところから着手します。コストの小さいコンパクトなデジタル化からコツコツやっていく姿勢が大事です。少しでも効果が出れば現場での理解が深まり、社内全体のデジタル化への積極性が増していくきっかけとなります。いきなり莫大な予算を要する大胆なデジタル化は行わないのが、中小企業におけるデジタル活用のポイントです。

嫌なことを引き出し、デジタル化の未来を見せる

デジタル化で常に最重要視すべきは従業員の意見です。経営者たちの要望よりも、デジタルツールを販売する営業員のセールストークよりも、現場で働く人の声を大切にしなければなりません。デジタル化チームは、働いている人たちの声に耳を傾け続けることにこだわりぬく姿勢が必要です。

デジタル化にあたっては、変化を恐れている勢力からの抵抗にあうことはほぼ間違いありません。自分の仕事を奪われるのではないか、という漠然とした恐怖があるために、敵意を剥き出しにする人もいます。しかし彼らとデジタルは真に敵対する関係ではありません。デジタル化の実態、そして実装の先に待っている未来像がはっきりしていないから、その存在を無意識に恐れているだけなのです。

デジタル化チームが現場に問い掛けるべきは、デジタル化できそうなところはないかという質問ではないのです。今の仕事のなかで嫌な点や、ミスやトラブルが起こりがちで困っている点はないか、といったニュアンスの質問が適切です。

不満、不安、不公平といった「不」が付くところに、デジタル化改革のスポットは隠されています。どんな仕事にも、不満を感じている業務、面倒を感じながらやっている業務はあるものです。それらを現場から引き出すことができたら「その作業をやらずに済んだら最高ですよね」「ミスの確率が大幅に減ったらうれしいですよね」と「不」が解消された未来を想像してもらえばいいのです。

この段階でようやく本題に入ります。デジタルツールの導入によって、引き出せた要望を実現できることをアピールしていきます。負担が減ること、不安が消えること、不満が解消されること、デジタル活用のメリットを過不足なく伝えます。

つまり「デジタル活用した先にあるビジョン」を現場に浸透させるのです。

さらに、作業が軽減されることで労働時間に余裕ができる可能性がある場合は、その時間を費やして新しく任せる仕事も事前に一緒に考えていけるとなお良いです。

ある販売業ではインターネット通販をしていながら、決済方法は振り込みか着払いのみで、カード決済に対応していませんでした。理由を尋ねたところ、日々の電話対応や事務処理で手一杯でカード決済実装に必要な手続きをする余裕がないからだというのです。

そこでデジタル化によって事務を担当していた人の手が空くことを順序立てて説明し、空いた時間でカード決済の手続き対応に当たってもらうのはどうかと提案しました。

デジタル化で負担が減ってカード決済もできるようになったら、さらに電話や事務処理の数も減って楽になると考えられ、そうしたらほかにも作業で楽にできるところがないか、機能や顧客サービスで拡張したいアイデアはないか探っていける、という話にもっていくと、次から次へとやりたいことや楽にしたいアイデアが湧き出してきました。

これは会社にとってはもちろんのこと、従業員にとっても良いことです。責任ある新しい仕事を任されるやりがいや、自分の仕事が奪われるわけではないという安心感を与える一端となります。

デジタル化は単に人件費を減らすものではなく、働くことが楽になったり新しいことにチャレンジできるようになる現場の味方です。このことを、話し合いを通して十分に伝えるようにするのが、デジタル化チームコミュニケーション担当者の大きな役割となります。

その一手間がミスを招く

中小企業のデジタル化でまずテコ入れしたい箇所が業務間の連携部分です。営業と開発、受発注と在庫管理など、各業務間をデジタルツールで紐づけすることで業務全体の無駄が解消され生産性向上が見込めます。

受注業務を例にすると、いまだ電話やファクスによる受注が中小企業の主流となっています。ある企業で実際に行われていたのは、注文の連絡を受けたら担当者が注文内容を社内システムに入力するという方法でした。その情報は「日付」「発注者情報」「注文情報（名称、数量、単価など）」などですが、発注者の取引先名称ではなく「〇〇商事は1234」といったようにに対応したコードを調べてコードで入力するのです。注文を受けて走り書きしたメモを横目に、電話帳のような厚みのあるコード帳を広げていちいち取引先の名称コードを探します。見つけたコードを、パソコンのキーボードで打ち込みます。続いて商品コードも別の分厚いコード帳から引き出して手打ちします。取引先ごとに単価が違っている場合などは所定の手順で検索し、入力します。

こういったアナログの極みともいえる作業を日が暮れるまでやっているような企業は、実際にけっこう頻繁に目撃しています。

この業務の最大の問題点は、ミスを招きやすいことです。流れのなかにいくつもの罠が存在します。

まず、電話口で相手から伝えられた内容が正しいかどうか分かりません。電話を受けた人間が聞き間違いをしてメモに書き留めていることもあり得ます。ファクスであれば、書かれている内容自体が間違っているかもしれませんし、文字の解読ミスも生じる可能性がありますす。コードを探す際にメモを読み違える可能性もありますし、コード帳から抜き取るコードを取り違えるかもしれません。キーボードを打ち間違えてしまうことだって考えられるのです。

このように何重ものミスのリスクを抱えながら、手間暇かけて注文を受けています。実際にこの業務を担当していた人に、ミスが起きたりしませんか、と尋ねたところ「毎日のように起きている」と、さも当然のように答えられたことがあります。

ミスのリスクを一つでもなくせれば、それだけで会社には多大な貢献となります。パソコンに商品や取引先の名前を入力するだけで自動でコードに変換される仕組みをつくれたら、それだけで作業の手間は減りますしミスも格段に減ります。このような仕組みはエクセルなどの計算ソフトで難なく実現することができます。特別な費用を掛ける必要はありません。

あくまで一例ですが、こういった紐づけ部分にデジタル化の肝は存在します。これまでは人が手作業で紐づけていたものを、機械に任せることで大幅な業務の省力化と効率化が見込めるのです。

データの連携で効率化を目指す

「これとあれ、もっとうまく紐づけられないかな」

という発想から、デジタル活用のアイデアを次々と生み出すことができます。

ある企業では、仕入れと売上がつながっていない現状が会社の経営を圧迫していました。仕入れた大量の材料がどれだけ売上に貢献していて、どれだけ廃棄することになっているのか、仕入れと売上が紐づいていないためにデータとして分析することができないでいたのです。

しかし業務を観察していると、きちんと仕入れデータをパソコンへ入力しているのです。その入力した仕入れ情報はどのように活かされているのか確認すると、特に利用していませんでした。このように何のためにやっているのか分からない無駄な業務もあるわけです。しかしこの場合は活かされていないから無駄なわけで、うまく活かせば貴重なデータとなり業務の効率化を狙える材料にできます。

せっかくデータとして蓄積しているのだから活かすべきです。例えば仕入れ情報と売上を紐づけ、入力された仕入れ情報をタブレットやパソコンでいつでも確認できるようなデジタルツールを導入することで、材料廃棄率の低下や仕入れ搬入ペースの見直しなど経費削減につなげることができました。何より現場の手間が減ったことで労働環境改善につながったことが喜ばれました。

このような紐づけ箇所をより鮮明にするために、可視化したい場合はジャーニーマップをつくってみることを推奨します。どこの業務間の紐づけが課題を抱えているか、あるいは大きな無駄やミスを生み出しているかがはっきりと見えてきます。そのなかから特に嫌な業務、現場が面倒と感じている業務に優先して手を入れていくことが適切なデジタル化の流れになります。

紙頼みはリスクだらけ

現場からのヒアリングでは「手書きをなくしたい」「書いた書類の仕分け整理はやりたくない」とアナログ書類に関する悩みが頻繁に出ます。紙ベースをいかに減らすかは業務改善かつ経費削減を目指す企業にとって大きな課題の一つです。

かなり極端な例ですがこんな「紙頼み」の中小企業がありました。

その企業では法律上の理由から顧客情報の紙ベースでの保管が必須となっていました。紙ベースでの運用は仕方ないとして、問題はその顧客情報を記載する用紙の原本です。私はパソコンの中に原本のデータがあり、必要に応じてプリントアウトしているのだと思っていたのですが、そのデータが見当たりません。尋ねると、紙の原本をコピー機に載せて都度コピーしているとのことでした。用紙によっては斜めに印刷されていたり、色が薄かったりと均一化されていません。

もしその原本や予備の用紙をすべて紛失してしまったら、二度とその用紙は手に入らないことになります。また記入事項を変える必要性が出てきても、紙では変更ができません。そして何より、用紙が必要となるたびにいちいち原本を引っ張り出して印刷するのは手間です。

この点を指摘すると、すでにその課題は表面化していたにもかかわらず、改善できていないと明かされたのです。

そこで原本と同じものをデジタルデータで作成して持っていったところ、たいへん驚かれました。さらに変更したい点を引き出して内容を更新したところ、かなり使いやすくなったと喜ばれました。

こちらとしては非常に初歩的なデジタル活用、エクセルが少し使えれば実現できる効率化だったのですが、デジタル人材に乏しいその職場にとっては神業のように扱われたのでした。

データ化の恩恵

紙ベースで作成される当番表に不満を漏らす現場にも出合ったことがあります。

その中小企業では1日の各作業の当番をリーダーが決めていました。その日の朝までに届いた注文に合わせて人員を振り分け、当番はホワイトボードや紙などに書かれて発表されていました。しかしリーダーが自分の判断で各当番を決めていくため、意図的ではなくとも偏りが生まれます。誰もがやりたくない嫌な作業があったとして、一部の従業員から「自分ばかりその作業をやらされる」といった不満が出るケースもあります。しかし不満を打ち明けたとしても過去の当番データは蓄積されておらず、証拠を見せることはできません。「偏りはない、きちんと平等に割り振っている」と言われれば、ただ我慢するしかなくなってしまいます。

このような不満や不公平感を解消するため、アナログ式で個人の判断に頼った当番決めを廃止できるよう、日々の当番振り分けをデータとして保管蓄積するようにしました。そしてその過去データに基づいて半自動的に適正な人員配置ができるようなシステムを組むことで、公平な割り振りが実現しました。これも特別なデジタルツールを使うのではなく、一般的な表計算ソフトでの実現です。

過去データとその日に入ってきた注文データ、そして人間がこれまでしてきた判断データをうまく紐づけることで、不平不満のない理想的なデジタル活用が実現できます。

データ置き場を積極活用

紙ベースを減らすオーソドックスなデジタル活用アイデアとしてまず着手すべきは、データ置き場をつくることです。従業員みんなが共有し、何かを置いたり引き出したりできるデジタルデータの保管場所を設けるのです。

社内サーバーを置くのがかつては主流となっていましたが、近頃はクラウド、つまりインターネットを介した外部にデータ置き場を設けることがセキュリティ面やコスト面、実用面など総合的に見て優れているとされています。代表的なツールとしてはGoogleドライブ、MicrosoftのOneDriveなどがあります。最近ではインターネットを介して交流するチャットツールにもデータ置き場があり、データを出し入れしながらコミュニケーションを図ることもできて便利です。

こういったデータ置き場は中小企業でも導入済みのところは多いですが、活用しきれていないところがまだまだ多いという印象です。しかし業務のさまざまな場面で、データ置き場の活用は効力を発揮します。

部署から別の部署への作業の指示を、手書きメモの手渡しで行っていた中小企業がありました。メールだと埋もれて気づいてもらえない可能性がある、という理由からの伝達方法だったのですが、これもデータ置き場の活用で手間を簡略化できます。

各部署にタブレットを置き、データを格納した旨の通知が送信先へ入るようにしておけば気づかれない心配もありません。わざわざ運ぶ手間はなくなり、手書きによるミスや

「渡した」「もらっていない」といったトラブルも回避できます。

OCRはケースバイケース

手書きの文字をデジタル活用できるデータへと変換してくれるツールとして、昨今OCRが話題を集めています。手書きの文字をスマホのカメラや専用のスキャナなどで読み取り、自動認識にてデータ化するものです。

なかでもAI-OCRは、学習しながら文字の読み取り精度を高める発展型です。クセのある字を書く人の文字も、データ蓄積と学習によって正確に読み取れるようになっていきます。

手書きの仕組みは変えられないので、OCRの導入をしたいのですが、という相談は頻繁に受けます。手書きを減らすためのデジタルツールを導入するのは手間が掛かり、また現場がデジタル化を拒む懸念もあってOCRを取り入れるのが手っ取り早いと考えている方が多いのです。

しかしOCRは非常に優れたツールで、最終手段として採用すべきツールであると感じています。

ＯＣＲといえど万能ではありません。完全に正確な読み取りができるわけではないのです。99％の正確さを誇るＯＣＲツールがあったとして、これが仕入れや売上などの経営に直結する重要なものであると1％の読み取りミスでも致命的といえます。ＯＣＲを取り入れて手書きの伝票を自動でパソコン内に取り入れることができるようになったものの、読み取りミスを連発するため結局人間の目視による確認作業が必要になってしまったというのでは本末転倒というものです。

絶対に手書きとして残さなければいけない場合にはＯＣＲを活用するのが望ましいといえます。手書きの原本を保管するのと並行して、ＯＣＲでスキャンしてデジタル化したものを保管することで、原本の紛失や破損のリスクなくデジタルデータとしての活用が可能になります。

ただ、必ずしも手書きである必要がないものに関しては、できるだけ直接デジタルで入力する仕組みをつくりたいものです。多少の心理的な壁があったとしてもそれを乗り越えて、紙ベースでの業務を極力減らすように動くべきです。データで済むなら、それに越したことはありません。

ＯＣＲツールは一度買えば終わりではなく、ランニングコストの掛かるものがほとんどです。その費用も決して安くはありませんから、その点を十分に考慮したうえで導入を決めるべきです。どうしても手書きは避けられない、多少のミスはあっても、おおむね情報が読み取れればいい、といったレベルの精度の紐づけであればＯＣＲも選択肢の一つになります。ただ将来的には手書きを減らすプランも立てておき、中長期で移行していくことで紙の消費を減らす本当の意味でのデジタル化を進めたいものです。

単純作業をやってくれる専属の秘書

人手不足の解消や業務効率アップに最も貢献してくれるデジタルツールとして期待されているのがＲＰＡです。その認知度は年々高まり、大企業のみならず中小企業でも取り入れる企業は増えてきています。

実際の多くのＲＰＡは一般的なスペックのパソコンで済みます。ＲＰＡツールを提供する会社は年々増えていて、それぞれがカバーできる業務や効果性、費用などは多種多様です。今後さらにコストパフォーマンスに優れた高性能ＲＰＡも世に送り出されていくはずです。

「ＲＰＡは設定が難しそう」というイメージが漠然とあるかもしれませんが、実際はノーコード、つまりプログラミングの知識や技術を必要とせず誰でも直感的に業務の自動化を達成できるツールが主流となってきています。開発会社や提供会社によってはサポートが充実しているところも多く、比較的安心して導入できるデジタル化の道具といえます。

ＲＰＡのすばらしいところは、24時間フル稼働できる点です。しかもミスも人間より減らすことができるのですから、これからはどの企業もなにかしらの形でＲＰＡを導入していくことになるのは間違いありません。

ＲＰＡをより身近な存在として表現するなら、個々の従業員が抱えている業務の一部を手伝ってくれる「専属の秘書」と言い換えることができます。毎日やっているルーチン作業は繰り返しで苦痛だという現場の不満はどの企業にも1つや2つあるものです。そういった単純作業を文句一つ言わずにやってくれるＲＰＡに落とし込むことで、従業員の負担は軽くなり働き方の劇的な改善につながります。

加えて、特定の従業員にしかできなかった業務をＲＰＡに教え込むことで、業務の属人化解消にもつなげることができます。従業員が突然病気で休むことになったり事情で会社を離れることになったりしても現場が大慌てすることがなくなるわけです。

このように、ＲＰＡは中小企業の働き方改革に直結するデジタルツールなのです。

大企業では人件費の削減がＲＰＡの大きな魅力となっていますが、業務がパンパンで全従業員が慢性的な心身の疲労を抱えがちな中小企業にとっては働き方改革の観点で活用できるものであり、その存在意義は違っています。

実例で知るＲＰＡの費用対効果

給与計算、発注手配業務、受注業務、転記作業、行政手続きの書類作成、注文に合わせた印刷作業の手配などＲＰＡに任せられる業務を挙げたらキリがありません。物の持ち運びといった物理的な作業や状況に合わせた柔軟な判断を要求される作業はできませんが、パソコン内で完結する一連の定型業務であればほぼすべての流れをＲＰＡに任せることができます。この点でエクセルなど一つのツール内での対応が主となるマクロなどの自動化システムとは異なっています。

私が経営する会社もＲＰＡに助けられました。給与計算を担当していた社員が急きょ辞めることになり一時は社内で混乱が起きていましたが、ＲＰＡの導入によって挽回できたのです。導入の費用は年間で１００万円もしない程度です。給与計算業務を人に任せるのに比べれば圧倒的にコストを削減でき費用対効果は抜群でした。

さらに製造業のＲＰＡ導入ケースの一例として、ある食品製造業者の話があります。ここではいくつものスーパーマーケットに加工した食品を納品していました。スーパーから注文を受けて数量を確保し、商品の加工や搬入の手配などさまざまな業務に毎日追われています。

この企業にとってやっかいだったのは、スーパーごとに受注システムが異なる点でした。スーパーはＥＤＩという電子データ交換システムを採用することで大量の発注業務をこなしています。したがってスーパーと取引している企業は、各スーパーが導入しているＥＤＩシステムごとに異なる形式の受注内容を社内の基幹システムへ落とし込む業務に追われることになります。

スーパーからの注文はだいたい夕方から夜に届いて翌朝に確認するのですが、基本的にはその翌日までに納品できるようにしないといけません。そのため毎朝従業員が出勤してからすぐに注文を確認してシステムへの落とし込み業務に当たるのですが、出荷に間に合わせるのが本当に大変だという現場の悩みは、いくつものスーパーと取引している中小企業には必ず付きまとうものです。

こういった業務こそ、決まりきった内容ですからＲＰＡにはうってつけです。ＲＰＡが夜中に作業を自動で進めてくれれば、前日に受けた注文の準備が翌朝の出勤時にはおおむね完了していることになります。受注手配をＲＰＡに委ねることで、あとは人間が実際の運搬に必要な物理的な業務だけを担えばよくなります。従業員にとってこれまでただ面倒なだけだった業務が大きく減り、心身の負担は軽減されます。

ＲＰＡの話をすると本当にできるの？と疑いの目を向けられますが、実際に導入して動きだせば確実に喜んでもらえています。

ただし、どのＲＰＡツールを使うかの検討は重要となります。費用面やサポート面などさまざまな角度から考慮し、慎重な比較を経てからの導入は欠かせません。失敗を減らすためには、詳しい外部のアドバイザーに協力を仰ぐことも有効です。

いずれにしろ、必要な人員を採用し業務に携わってもらうよりもコストは格段に低く済ますことができます。なおかつ、一度ＲＰＡを導入したら、ほかの業務についても自動化を適用させるすべを得たことになり、経費を良化させていく効果をＲＰＡに望むことができます。

まずはデータやフローの整理から

古くなった社内基幹システムを一新するような大掛かりでリスクも高いデジタル施策は慎重に取り組む必要がありますが、ＲＰＡの導入であれば、既存の社内システムを活かしたまま他の業務との紐づけを円滑化してくれるので、大きなコストを掛けることなく生産性向上が望めます。人手不足や属人化などの課題を抱えている中小企業にとって、ＲＰＡはまさしく救世主となるものです。

気をつけたいのは、ＲＰＡを導入する前にデータの整理が不可欠である点です。

例としてタマネギの仕入れ伝票を社内システムに入れる際の業務を考えます。タマネギ

10個であれば、タマネギを商品コード帳から見つけ出してそのコードを入力します。続けて個数の「10」や単位の「個」も、社内システムへ入れていきます。こうした作業がRPAで自動化できるのですが、ここで一つの問題が生じるのです。

仕入れ伝票には「1ケース」と書かれていることもあります。しかし社内システムではタマネギの単位は「個」ですから「ケース」と入力するとエラーが出てしまいます。そこで担当者が「ケース」から「個」に変換することになるのですが、わざわざケースを開いてタマネギを数えるのも手間です。そこで1ケースを例えば「20個」と仮定して1個あたりの価格を出すという計算を行ってから社内システムへ入力します。

このような業務工程を踏んでいる企業が、実際にありました。

もしこれら入力作業をRPAで自動化するとしたら、まずは「ケース」を「個」に変換することから設定しないといけません。タマネギだけでなく、キャベツや肉など材料ごとで変換式は異なることになります。こういった個別の業務状況に対して現場から詳しい業務の流れを聞き出し整理していくことで、ようやく仕入れ伝票から社内システム入力までのRPA導入ができるようになるのです。

私の会社でＲＰＡを導入する際も、このようなデータ整理に膨大な時間を取られることになりました。ＲＰＡの販売会社から使い方のガイダンスはありましたが、自社の業務にそのまま当てはめられる状態ではなかったので、結局は自分たちでいろいろと調べ工夫し、データを整理しながら自社に合わせたＲＰＡを組み立てていく必要がありました。

また、業務は日々少しずつ更新されていくものですからＲＰＡへの取り入れ方も都度変えていく必要が出てきます。したがって、ＲＰＡを使いこなせる人材を社内でも育てるのが理想です。属人化してしまっては本末転倒ですから、きちんとマニュアル作成や人材育成のフローはつくっておきたいところです。

このように、ＲＰＡを導入するにあたってはデリケートなケアは欠かせません。データや業務の流れを今一度整理し、慎重に仕組みづくりを行う必要があります。時間と手間は掛かりますがそれ以上の見返りは必ずありますので、途中で投げ出すことがないようあらかじめ心の準備をしておく必要があります。

業務は「見て覚える」が最良

近年は少子高齢化などに伴う人手不足問題の解消のため、外国人労働者の受け入れと積極的雇用が政府主導で推し進められています。地方の中小企業は特に人手不足が深刻ですから、外国人労働者を積極的に採用している企業も増えています。そういった企業に困っていることを尋ねると、決まってこのような悩みを打ち明けられます。

「言語が違うからコミュニケーションがうまく取れない」

「仕事のやり方を教えたいんだけど、日本語のマニュアルだと分かってもらえない」

仕方なく身振り手振りを交えて指導するものの、仕事内容の定着には時間を要しているようです。

一方で、日本人に対しては「やり方は見て覚えろ」と古めかしい新人教育がいまだ主流となっている企業もまだまだ残っています。旧態依然とした指導法を続けていたら「聞きたくても聞けない」「やり方を教わっていないのに怒られる」といった新人の悩みとストレスが蓄積し、短期間で辞められてしまう悪しき循環を生む原因にもなってしまいます。

このような、教え方がうまくいっていない、新人が思うように育たない、といった新人教育に関する悩みは、中小企業の多くが抱えている共通の課題です。

言語化した分厚いマニュアルに目を通したり、先輩たちから言葉だけで説明されたりするよりも、実際のやり方を見ながら自分も手と頭を動かして少しずつ前進していくのが最短で上達する方法に違いありません。一つハードルを越えるたびに達成感を得られる環境のほうがやる気を維持して続けていけるものです。

復習しやすいデジタルマニュアルをつくる

その場では理解できてもあとになって自力でやってみるとどうしてもうまくいかないことは誰にでも経験のあることです。その場で先輩がやって見せて覚えさせる教育法の弱点は、復習できない点にあります。

したがって、新人が見て覚えられなおかつ分からなくなったときにすぐ復習できるデジタルのマニュアルがあればこの弱点を克服でき、効率よく技術を身につけることができます。機械に聞く分には怒られませんから、先輩に怒鳴られて新人が萎縮し人間関係にひびが入る事態も避けられます。

具体的なアイデアとして簡単なところでは、先輩がやっているところを動画撮影しマニュアルとする方法が考えられます。スマホやタブレットで実際に撮影していつでもどこでも手軽に復習できるようにするのです。

事務作業においてもこの動画マニュアルは有効です。例えばコピー機のトナー交換など、そのたびにできる人に頼んだりいちいちマニュアルを引っ張り出すよりは、あらかじめ交換している動画を撮影しておけば一目瞭然です。撮影動画をYouTubeなどの動画共有サイトにアップロードしておき、動画のURLを二次元コード化してコピー機の周辺に貼りつけておけば、交換する人が自分のスマホなどを使って二次元コードを読み取るだけで交換のやり方を迅速に知ることができます。動画共有サイトではなく社内で共有しているデータ置き場に動画を格納しておく方法もあります。

基本的な事務作業だけでなく、複雑な操作を必要とする機械作業や技術力を要する専門的な作業も動画撮影してストックし誰でもアクセスできるようにしておけば、復習しやすく上達しやすい環境が実現できます。デジタル活用とはいえスマホやタブレットの簡単操作で済むものですから、高齢の方でも問題なく利用できます。

とてもシンプルな方法ですが、実際に実践している企業が少ないことを私たちは現場レベルで見てきました。経営層もそこまで現場のことを見渡していませんし、現場は現場で日々の業務で忙しくそんなことを考えたり提案したり行動したりする余裕がないのです。「いちいち新人が聞きに来るから自分の作業が進まない」と悩みを抱えている場合や新人にレクチャーするのが難しい作業がある場合は、まず動画マニュアルをつくることで解消できます。

デジタルツールで簡単マニュアル作成

動画で見て覚えるだけでは足りないような、より細かいところにまで説明の行き届いた自社専用のデジタルマニュアルをつくることもできます。

例えばパソコンを使ったやや込み入った手続きを行う業務の場合、撮影した動画だけだとなかなか伝わりにくいです。自身で手を動かしながら覚えていくほうがより業務内容が定着しやすく、新人教育がスムーズになります。

現在は、使いやすいオリジナルのデジタルマニュアル作成をサポートするツールがいくつも登場しています。無料のものもありますが、有料のものであればより機能が充実し使い勝手が良くなっています。費用はさまざまですが、初期費用が100万円程度、年間ランニングコストが10万円程度で質の高いマニュアルを自由自在に作成できます。

そういったツールを使うと、例えばクリックやキーボード入力など実際に行った作業を記憶させてその手順を再現するマニュアルを自動的に生成できます。画像やテキストを自分で配置しながらマニュアルをつくっていく手間が省けるのです。

しかもできたマニュアルは柔軟な仕様になっており「ここをクリック」「○○キーを押す」といった吹き出しを入れたり、ストップしたりスローで表示したりして細かい説明を入れることもできます。再現性を最大限にまで高めることができる、学習者にとって技術を吸収しやすいつくりになっているのです。

作業の手順を、実際の業務ではなく模擬の作業スペースで反復練習できるものもあります。多言語化に対応しているものもあり、外国人労働者を採用している中小企業にとっては心強いです。スーパーマーケットや飲食チェーンなど頻繁にメニューが変わるような業態の場合は瞬時にマニュアルを更新できれば便利ですが、こういった業態にも対応しているマニュアル作成ツールがあります。操作が直感的で、使いやすさを追求しているツールも多くなってきました。作成したマニュアルはスマホなどで簡単にアップロードして全員で共有でき、常に最新の状態に更新することが容易になります。

小さな会社ほどマニュアル必須

デジタル活用において最も優先的に取り入れたいのが見て覚える感覚的なデジタルマニュアルではないかと、いろいろな中小企業のサポートをしていて感じています。

最も手っ取り早く誰でも簡単にデジタル活用できて、なおかつ経営や従業員にも良い影響を与えることができるからです。属人化の解消、ミスの低下、人件費と紙経費の削減、人間関係から従業員が辞めてしまうリスクを抑えられるなどメリットは計り知れません。

小さな会社で人をたくさん雇う予定もないためマニュアルはいらないと考える小規模の企業こそ、マニュアルを事前につくっておくことでいざというときの事態に対処ができます。家族経営でも同様です。もし誰かが突然倒れて仕事ができなくなったら「この仕事を知っている人がほかにいないから会社が動かない」という状況に陥り、休業に追い込まれてしまう可能性もあるからです。新人教育だけでなく、緊急対策用としてのマニュアル作成はたいへん重要な位置づけなのです。会社が蓄積してきたデータやノウハウをパッケージングし、受け継がせやすいデジタルマニュアルとして残すことは、突然の危機に弱い中小企業の支えとなるはずです。

いきなり本格的にデジタルマニュアル作成ツールを導入する必要はありません。最初はまず動画撮影するだけの簡単なデジタル活用が無難です。RPAやアプリなどさまざまなツールを取り入れてデジタル活用が充実していく過程で、マニュアル作成ツールを導入する流れが理想です。業務内容が整っていないところがマニュアル作成ツールを無理に取り入れても、宝の持ち腐れになってしまう可能性が高いのです。

顧客登録、日報、出退勤、予約、在庫確認、何でもアプリ化

デジタル化支援先だったあるサービス業者は、何から何まで手書きの昭和的な業務形態でした。現場から特に不満が出ていたのが顧客登録の手続きです。顧客に手書きを要請す

るのはお互いにとって手間でしたし、作成した登録書をわざわざ社内システムへ入力し直すのも骨が折れます。

この手続きをデジタル化できたら、現場の労力がかなり減るのは間違いありません。そう考えて、専用のアプリの作成を提案しました。タブレットにアプリを入れて、顧客に指先で登録手続きを行ってもらうようにするのです。社内専用の顧客登録アプリが実装できれば、受付窓口と顧客が向かい合って登録手続きを行う時間は大幅に短縮されます。さらに顧客に入力してもらったデータは自動で社内システムへ格納されるので、担当者がいちいち入力する必要もなくなります。

提案に対する先方の反応は「メリットはよく分かったけど、アプリってつくるの大変なんじゃないの」でした。

アプリというと大手企業が導入するものと思われがちですが、今では中小企業向けの便利で安価なアプリ作成ツールがいくつも登場しています。初期費用は0円、月額数万円から導入できるツールもあります。

今回のサービス業者のケースでは、アプリ作成ツールでサンプルのアプリを制作してみせたところ、こんなに簡単に手早くつくれるとは思いもよらなかったと驚かれ、すぐに本格的なアプリを作成して実装に至りました。

すべての社員がデジタルに慣れているわけではないので若年層の社員を中心としてアプリ経由での登録を普及させていきました。受付業務が大幅に削減され、現場の方々に喜ばれることとなりました。

ここからさらに派生して日報や出退勤、発注や在庫管理のアプリ化も提案することができます。実際に現場から「こういうのもアプリ化できないか」という要望が次々と出てくるようになりました。煩雑だった業務をアプリ化していくことでこの企業は昭和的な社風を抜け出し、令和の時代に合う安定経営の実現に向けて前進を続けています。

操作が簡単なアプリも続々登場中

昨今登場しているアプリ作成ツールの最大の魅力はノーコードで開発できる点です。プログラミングの知識がなくても、スマホやタブレットなどの端末操作に慣れている人であれば簡単に希望に叶ったアプリをつくることが可能です。サポートが充実していてコストも見合っているツール提供会社を選定すれば、私たちのようなデジタル化支援事業者のサポートがなくても自社内で希望のアプリを作成できます。

人員を割いたり、新しい維持費が発生したりとスタート時にコストを掛けることにはなるものの、業務ショートカットの見返りはとても大きなものになります。

「低コストで社内に大きな働き方改革ができた」

「各従業員のスマホにアプリを入れることで業務報告が簡略化し、社内報告のために会社に戻る必要がなくなり、業務がスムーズに進むようになった」

「申込手続きをデジタル化することで用紙の扱いが減ったので、経費の削減につながった」

「手書きをなくしたことで読み取りミスが減り、データの紛失といったトラブルも起きなくなった」

など、アプリを実装することで中小企業の業務が改善される可能性はいくらでも考えられます。

特に中小企業ではデジタル化をいきなりすべての従業員に普及させる必要はなく、デジタルに慣れている人から少しずつ広げていけばいいのです。アプリは手軽で使いやすくスマホという従業員一人ひとりにとって身近なツールで扱うものであり、よりスムーズに進めることができます。デジタル派とアナログ派、両方のやり方を尊重しながら業務の再構築ができるというのがアプリの隠れた魅力だといえます。

すべてをいきなり変えるのではなく、少しずつコストを抑えていく思考でアプリの導入を検討するのが適切です。

感覚頼みが招く必然のトラブル

ある中小企業の工場では、注文内容や在庫の数を工場長が「なんとなく」で把握しており、その日の作業の人員配置を工場長の長年の経験と勘で決めていました。

工場長の判断に完全に委ねた属人化の極みといえる業務の組み方でした。仮にそれで何も問題なくうまくいっているとしても、もし工場長が現場に立てない日が来たら大変なことになるのは目に見えています。誰かが見様見真似で工場長代理をやってみても工場長の感覚と判断を完璧にコピーすることはできませんから、人員不足や注文の手違いなどトラブルが続出します。

このような個人に重度に依存した状態をなくすため、工場長がどういった数字を肌感覚でつかんでいて、それらを基にどういった思考回路にて人員配置の判断を下しているのかを知る必要がありました。そのために、まずは必要なデータを整理して、きちんと可視化しなければなりません。

このような提案をすると、業務開始の直前に来た注文に応じて柔軟に配置を決めるため、ロボットに業務を任せるのは不可能だと言われます。

しかし、工場長が頭の中でどのように判断しているのか、過去データを参考にその判断方法をきちんと整理できればデジタルでも処理は十分に可能となります。その日の注文がインプットされたら自動的に割り振りがアウトプットされるという自動化は可能なのです。

RPAやアプリでデータを束ねる

このようなデジタル活用の発想や取り組みはＢＩ（Business Intelligence）といって、２０００年代半ばのモバイルの隆盛に伴って流行り始めました。

端的にいうとデータの可視化であり、これまで感覚で行っていたことを過去のデータを活用し判断の法則を見つけ出すことで、個人の感覚に頼らない経営判断を可能にするのです。こうしたデータの可視化にはデジタルツールの連携が必須といえます。

まずはデータ整理です。必要なデータと不要なデータがあり、その取捨は人間の判断で行う必要があります。一般的には売上や在庫、顧客に関するデータ、営業進捗状況、広告の費用や効果などが優先して活用したいデータです。社内的には会社の有給取得率や残業時間もデータ化して常に確認できるようにすることで労働環境改善の資料にできます。各種データをグラフ化して前月や前年などと比較することで、課題発見や判断基準につなげることができます。

さらにここがＢＩの要なのですが、それら活用したいデータを一つのデータベースに紐づけて集積し一覧で見えるようにします。紐づけ集積の際は人間が手間を掛ける必要はなく、ＲＰＡやアプリなどのデジタル活用でデータを順次入れていく仕組みをつくります。

また最近のＢＩツールでは、各種アプリなどさまざまなツールとの自動連携を可能にしたものも発売されていて、いちいち連携させるための設定手順を踏む必要がなく便利です。一部は無料で使えるものもあるので試してみる価値があります。

ほぼ自動でデータを集積可視化できる手間いらずのＢＩツールで、瞬時の経営判断を可能にするプラットフォームを実現することができます。

課題も可視化できる

データの可視化において、どのデータを活かすかの選定は重要となります。その手順は業種によってまちまちでしょうが、経営面なら経営層、実務であれば現場の人たちの意見を参考にしつつデータの取捨をしていくことが望ましいです。

ただ、業務プロセスや作業スケジュールはぜひとも見える化したいデータです。各部署に業務の進行状況をデータ取得する環境を築き、ＢＩツールで連携させ可視化することで、各部署あるいは各従業員の業務状況を網羅することができます。

例えば営業員がどのルートで営業したかのデータや、一連の工程のうちの開始時間から終了時間までのデータを集積したり、ワードやエクセルのアプリケーション利用履歴、キーボードを打った回数まで可視化することができます。

一見すると、従業員がちゃんと働いているかどうかを見張る監視ツールのように思えます。もちろん仕事をサボっていないかを確認するためにも活用はできますが、ＢＩツールの利点はそこではありません。

最大の利点はどこで作業が滞っているか、どういう業務に苦戦しているのか、どこに改善点があるかを視覚的に見いだせることです。つまり課題の可視化こそがＢＩツールの強みなのです。

課題を見いだし改善することで、どこかの段階で業務の進行にブレーキが掛かってしまう事態を防げます。円滑に業務の工数を踏めるようになり、各従業員の労働時間にも改善を促せるので、働き方改革の促進も期待できます。

少数精鋭で組織を回す中小企業の場合は特に有効で、手の空いている部署から忙しい部署へ人員を手伝わせに行くといった判断もＢＩツールで可視化できていればリアルタイムに行うことができます。業務や部署の壁を隔てても、お互いに協力できる仕組みをつくることができるのです。

業務の一元管理、課題の可視化は、個人の感覚頼みでその日の業務が流動的になりがちな中小企業にとっては非常に重宝します。

旧態依然なサイトは逆効果

ＩＴ革命が叫ばれて30年近くが経過した昨今、公式サイトをもっていない中小企業というのは、さすがにほんの一握りとなってきました。

どんな業種であれ自社サイトをインターネット上に設けています。しかし、中小企業のほとんどのサイトは古臭く、更新が長くストップしている傾向です。20年以上前につくって以来ほとんど手つかずのままという企業サイトもいくつか見てきました。これならいっそサイトがないほうがいいのではないかというくらいつくりが古く、企業にマイナスの印象を与えるものもありました。制作会社と何度も契約を更新し、アクセスの少ないサイト保持のため維持費を払い続けているところもありました。

業種によってはＥＣサイトを設けている企業もあります。ＥＣはElectronic Commerceの略で電子商取引のことです。消費者向けに販売している製造業はもちろん、最近では部品メーカーなどもＥＣサイトの販売窓口を設けて直接取引を行っているところがあります。ただこれらＥＣサイトも一昔前の仕様のものを使っており、購入者から見て使いづらさが目立つものも少なくありません。

思い切って自社サイトを一新するのも一つのデジタル活用で、一考の価値があります。サイト作成支援のツールやサービスは以前よりも競争が激しくなったことにより、安価の買い切り型でも質の高いサイトがつくれるようになっています。社内のサイト作成に不慣れな人員で手づくり感満載のものを時間を掛けてつくるよりは、専門の制作会社に依頼するほうが賢明です。

自分たちの要望を十分に満たしてくれる制作会社を選ぶためには、制作事例を比較することが参考になります。

買い切りの場合、そのあとに掛かる費用はサーバー代やドメイン代といった通信費で、投資額はさほど高額にはなりません。中小企業を良いほうへ刺激する効率的なデジタル活用のアイデアです。

つくっただけで満足しない

「自社サイトを新しくしたい」という要望はよく出ます。

サイトを一新するにあたっては、必ず会社のこだわりを盛り込みたいところです。そこで私たちがお手伝いする際は必ず「何のためにサイトを新しくするのですか」という質問を投げ掛けます。その質問に対して返ってくる、サイト改修時の要望ナンバーワンは「採用部分の強化」です。

中小企業、特にBtoBの業態ですと消費者がサイトを訪問することはほとんどなく、訪問者の多くが取引先候補、そして就業希望者です。就業希望者は、どんな会社なのか、働くことになったらどのような業務をすることになるのか、経営は安定しているのか、働きたくなる雰囲気の会社か、という情報を求めてサイトを訪問します。そのため自社が扱っているサービスや商品のアピールよりも、まずそれらの疑問に対する答えをサイトに用意しておくことがポイントとなります。サイトを一新して採用を強化するなら、見栄えのするものを構えつつ、インターネット上に人事担当をおくくらいの感覚が理想です。

ある製造業のサイト一新をお手伝いしたことがあります。当該業種に強い制作会社を紹介し、採用面の強化を意識しつつ自社の強みを押し出したサイトにリニューアルしたところ、すぐ就業希望者から反応があり採用に結びつきました。100万円程度の投資で貴重な人材を確保できたのですから理想の投資効果といえます。

サイトを構築するうえでは、ほかの会社もやっているので自社でもやってみたというおざなりな姿勢では制作費が無駄になるだけです。どういった目的で、どういう運用をしたいかを明確にしてから着手すべきです。同時に自社の強みやビジョンを改めて見つめ直し、どのような人材を必要としているかも明確化しておかなくてはなりません。これらは制作会社に一任するのではなく自社内で考えていく必要があります。

顧客向けのECサイトをつくる場合も同様です。デジタルやインターネットに疎い企業だと、つくったら勝手に顧客が付くと思っているところが多いのですが、当然ながらサイトを知ってもらわなければ人は集まってくれません。大事なのはつくったあとの運用方法にあります。必ず顧客をサイトへ呼び込む仕掛けをつくるのです。

例えばお酒の販売であれば、酒瓶にECサイトへ案内する広告を設置することでECサイト経由での購買につなげることができます。名刺などにもECサイトのURLを二次元コードにしたものなどを付けることで、より呼び込める仕掛けがつくれます。

それぞれの業種によってサイトの存在意義や運用方法は違ってきます。社内でよく話し合い、また専門業者にも相談しながらサイトの見直しプランを立てていくことになります。

営業・顧客対応のデジタル活用

「営業が足りず新規案件の受託ができない。営業活動も自動化できたらいいのに」

これも経営層によく見られる要望です。最終的な成約に結びつけるのは人間であっても、そこまでの導線引きをデジタルツールに託すことができたら、新規顧客獲得に掛ける労力はかなりスリム化されます。

最近ではMA（Marketing Automation）といって、見込み客も含めた大枠の顧客層を一元管理し、メールやウェブサイトなど適切なデジタル活用で営業を自動化し成約へつなげるツールも多数登場しています。一見すると非常に便利そうなのですが、実際にMAツールを導入している中小企業に話を聞いてみると想定していたほどの成果を上げられていないケースが多いようです。

なぜかというと、担当者がMAツールを使いこなせていないために顧客の一元管理とデータ分析が満足に行えていないからです。複雑な機能は放置され、せいぜいメルマガ配信程度にしか利用していない企業もなかにはありました。ＭＡツールの相場は月数十万円ですが、メルマガ配信だけなら数千円で導入できます。完全にデジタルツールの無駄遣いです。

そもそも、新規顧客のためのデジタルツールであるＭＡが、中小企業にとって本当に今すぐ必要なものなのかを考える必要があります。

むしろ中小企業は、既存顧客の満足度をより高められるようなデジタルツールを優先的に取り入れていくべきです。もっと突き詰めれば、既存顧客の対応に勤しむ従業員たちをケアし、負担をできるだけ軽減させるツールを最優先で取り入れるべきです。それが生産性と成長性を高める最短経路になるのです。

デジタル活用でＭＡツールを入り口とするのは間違いだと感じます。ＢtoＢの企業はなおさら新規開拓の優先度は低いといえます。ここにお金を掛けるよりは、業務のＲＰＡ化やホームページの一新など、やるべきデジタル化はほかにもたくさんあるはずです。デジタル化によって従業員の業務に余裕ができたあとに、さらなる新規顧客獲得のための手段としてＭＡツール導入を考えるのがデジタル活用の筋道として順当です。

アウトソーシングやRPAで営業の一部を自動化

営業能力を伸ばしたい、従業員には営業活動以外の仕事にも取り組んでほしい、電話での営業対応はできるだけ減らしたい、といった類いのゴールであればMAツールよりももっと低コスト、低リスクで導入できるツールのアイデアはいくつも考えられます。

一例としては営業のアウトソーシングです。電話営業で顧客を獲得したいのであれば、テレアポを代行で担ってくれる営業支援会社に依頼すればいいのです。肉声ではなく自動音声にて電話対応するサービスもあり、こちらのほうがより安価での導入が可能です。最近ではＡＩによる電話応答システムも登場しています。

営業アウトソーシングのアイデアとしてはテレアポのほかに、ウェブ集客やセミナー集客など、専門的なノウハウや知識が必要となる営業活動も外部に委託すれば新規獲得につながります。

また、ウェブサイトを訪れた人とチャットでやり取りする流れをつくるのも営業活動の負担を減らすデジタル活用です。こちらもＡＩがチャット対応するシステムが出てきており、社内の営業コストの軽減につながる期待がもてます。

ＲＰＡで営業の業務の一部を自動化することも可能です。例えば私の経営する人材サービス会社では、新規に発生した仕事の情報を希望条件を満たす登録者に絞って一斉発信するようにしています。これまでは従業員が選定・絞り込み作業を担っていましたが、ここをＲＰＡに任せることで大幅な業務時間カットにつなげることができました。

このように、営業活用や顧客対応についてはさまざまなアイデアが考えられます。デジタルありきで考えず、広い視野で自社に最適なアイデアを取り入れることが大切です。

新規顧客の獲得にしろ既存顧客へのケアにしろ、中小企業の営業活動はいきなりすべてをデータ化しデジタルに依存させる必要はありません。他業務のデジタル活用と同様、まずは一部の業務をデジタル化する発想をもち、段階的に改革を進めればいいのです。

［第4章］

「小さくても強い会社」は生き残る——デジタル化で導く中小企業の未来

劇的改善を当てにしてはいけない理由

デジタル化を積極的に推進しているある中小企業の経営層は「あまりうまくいっていない」「デジタル活用の成果が出ていない」と嘆いてばかりいました。

しかし実情を調べてみるとデジタル活用によって従業員は単純な業務から解放され、残業時間が減り、有給休暇消化率は上がり、職場の空気が良化したなど現場からポジティブな意見を引き出せるケースがほとんどです。こういった成果が出ているなら、その中小企業におけるデジタル活用は成功の部類に入るといえます。

現場で働く従業員が働きやすくなって成功だったと感じるデジタル活用であっても、経営層にとっては不満があるということも多いのです。もっと目に見えて利益率が改善するなど経営に直結した良化を経営層は期待しているためだと思われます。

デジタルツールは経営を即座に改善するほど有能ではありません。まして元来、経営状況に窮していた企業をV字回復させるとなれば相応の時間と労力が掛かってしまうものです。

このような経営層のデジタル化への過度な期待が起こってしまう要因として、メディアなどで頻繁に取り上げられている他社のデジタル化大成功例があると考えられます。

一例を挙げると、神奈川県にある創業100年を超える老舗旅館は、10億円の負債を抱えた廃業寸前の状態からたった3年ほどで黒字化する劇的改善を成し遂げました。

そのきっかけとなったのが4代目社長の就任でした。

他社でエンジニアとして働いていた社長がまず行った経営改善策はデジタル化です。外部のデジタルツールを利用するのではなくオリジナルの自社システム開発に着手、予約システムを内製し、さらに原価や勤怠や人件費なども可視化し管理と改善を徹底しました。

効率化された集客方法で売上が倍増する一方で経費も大きく抑えられるようになり、おまけに従業員は週休3日という同業種としては異例の働き方改革も実現、順風満帆に黒字化へと漕ぎ着けることができたのでした。これぞまさに、デジタル化のビッグサクセストーリーといえます。

しかし元をたどれば、エンジニア畑出身でデジタルに強い方が社長に就任したからこそ、このような大成功に至ることができたのです。この成功例を参考にして経営が悪化している中小企業が、うちもこれを目指そう、とデジタル化を推し進めても、このような劇的改善に至ることは容易ではありません。

デジタルに長けていて、なおかつ社内のことや業務のことを誰よりも知っていて、課題解決や改善のため身を粉にして働いてもまったく苦にならないような人材はなかなかいません。デジタル化が大成功した会社の多くは、たまたま社内にすごいスキルをもつ人がいただけなのです。

残念ながら多くの中小企業はそのような人材に恵まれることはありません。

だからこそ劇的な改善をデジタル化に期待してはいけません。メディアが取り上げる大成功事例のほんの一部でも実現できたら成功だと思うべきです。なぜなら少なくとも職場の労働環境が改善したら人材離れを防ぐメリットにつながるからです。

つまり、小さな成功をつかむ目的で低コストで低リスクのデジタル活用から始めればいいわけです。小さな成功を積み上げて大きな成功とする発想が中小企業におけるデジタル活用です。

「デジタル活用の属人化」をなくすために

私の経営する会社もデジタル化の恩恵を受けた一社ですが、たまたま社内にデジタル活用に情熱を注いでくれる人材がいたからこそ、デジタル活用で成功できたと感じています。

給与計算業務を担当していた社員が辞めたのと時期を同じくして、RPAの話が舞い込んできたのがデジタル化のきっかけでした。「給与計算をRPAに任せてみるのはどうか」という提案があり、その提案者にデジタル化担当となってもらってRPAにチャレンジしました。

RPAを提供する会社からは簡単なレクチャーを受けたものの、実際の自社の業務に適用させるには社内で試行錯誤をするしかありません。

担当者はマニュアルとにらめっこし、Google検索やYouTube視聴で知識と応用方法を仕入れて、給与計算の自動化に努めてくれました。簡単なエクセルを使う程度の技術しかなかった担当者でしたが、苦労の末3カ月ほどで給与計算の自動化を成し遂げたのです。

この担当者の情熱と継続力がなければ給与計算の自動化は叶わず、RPA導入はただの無駄遣いに終わっていたに違いありません。そもそもデジタル活用の発想にすら至らず、デジタル化が中小企業にもたらす効果も知ることがなかったはずです。

彼に当時の話を聞くと、何度も諦めそうになる瞬間があったようで、私もうまくいっていない様子を見ていて、やはり給与計算担当の人材を採用するべきではないかと、声を掛けたこともありました。しかし彼の答えはノーで、ＲＰＡでの仕組みづくりに励んでくれました。

大成功の旅館にしても私の会社のエピソードにしても、適切な人材がいればこそのデジタル化達成です。いわばデジタル活用の属人化でした。

この様相こそが、中小企業のデジタル化の陰に潜む課題かもしれません。

道具が与えられただけでは何もうまくいくはずがないのです。外部に委託するにしても、自社の事業や社風を理解してくれる事業者との連携がなければデジタル化はうまくいきません。

この課題を解消する手立てとして、中小企業に特化したデジタル化支援事業者というのが中小企業におけるデジタルツール普及の鍵を握っていると考えます。

「あの会社は人材に恵まれたからデジタル化がうまくいった」「その会社は人材がいないからうまくいかなかった」というデジタル格差が生まれないよう、どの中小企業にも分け隔てなくデジタルツールが浸透し、すごい人材が社内にいなくてもデジタル活用でサクセスストーリーを歩める仕組みの構築が、人材難や経費圧迫などに苦悩する中小企業全体を救う手段の一つになるのです。

中小企業向けのデジタル化支援事業者が、地域ごとに活躍するような環境づくりや、行政や自治体による補助金もたくさん提案・実施されてほしいというのが、私の切なる願いです。

群馬の人材サービス会社がデジタル化支援事業を始めた理由

私の会社はもともと群馬県にて人材サービス業を営んでおり、社内でのデジタル化を契機にデジタル化支援事業にも参入しました。中小企業のデジタル化ニーズの高まりを感じたからこその事業化でしたが、アクセルを全力で踏み込んで事業を加速させているのにはもう一つの理由があるからです。

それは「中小企業向けの人材サービス業を営んできた会社だからこそできる、中小企業デジタル化の支援があるのではないか」という着想でした。

人材サービス業は多様な業種の数多の企業とつながりをもっています。現場に派遣する人材を擁しているため、各企業の現場を客観的に見ることができています。加えて、経営層からも話を引き出し課題や悩みを打ち明けてもらっています。

つまり企業の本音を誰よりも知っているのです。

一般的に企業と取引先のつながりでは経営層どうし、従業員どうし、どちらか一方での付き合いになる傾向が強いです。どちらとも親密に交流をし、両者の等身大の心情が理解できるのは人材サービス業だからこそだといえます。

その結果誰よりも中小企業の現状や課題を把握していることになり、これこそが私の会社が中小企業に特化したデジタル化支援事業に向いていると考える根拠なのです。

伴走方式で組織の緩衝材になる

デジタル化支援事業は当初、思い描いたように軌道に乗せることができませんでした。

経営層から組織が抱える課題を引き出し、現場で働く方の本音も聞き出し、双方にとって最も効果的かつ無理のないデジタルツールを紹介するという方針で進めていたのですが「それならやってみよう」と首を縦に振ってくれる中小企業は想定ほどは現れてくれませんでした。デジタルツール導入に至っても、現場の理解が追いつかないためになかなか前に進まず頭を抱える事態にも遭遇しました。

これほど中小企業の課題を理解できていて、デジタルに不慣れな人ばかりでもできる最適なデジタル活用を紹介しているのになぜ拒まれてしまうのか。途方に暮れていたあるとき、支援先の社長にこう言われたのです。

「御社は好きでやってくれる人がいたからデジタル化がうまくいったけど、うちはそういう人がいないんだよ。それだけ知識や技術があるんだから手取り足取りやってほしいよ。支えてくれる人がそばにいてくれるほうがうちの担当者たちもやる気になるから」

目から鱗が落ちるようでした。現場の理解と適切なデジタルツール提案ができてもなお、属人化の部分で課題を抱えている中小企業ばかりだったのです。

たとえ誰でも扱える簡単なデジタルツールでも、周りに応援してくれる人がいなければ、困っているときに助けてくれる人がいなければ、なかなか前へ進むことができません。デジタル化のコーチのような存在、そういった人材が欠けていたのだと気づかされました。

それならば、ただデジタルツールを紹介するだけでなく定期的に通ってデジタル化を支援するやり方に変えてみようと考えたのです。

この方針転換が功を奏しました。

中小企業のデジタル化に伴走する形態の支援に舵を切ったところ、次から次へとオファーが舞い込んでくるようになりました。今ではデジタルツールの技術を有した「伴走部隊」がデジタル化を導入中の中小企業を渡り歩き、支援する日々です。

企業ごとにマッチするデジタルツールを提案導入し、現場でツールが実装できるまでを伴走部隊が支えています。街の電気屋さんのような、困ったことがあったらすぐに飛んで行ける体制にすることでデジタル化支援事業が一気に加速しました。

人材が枯渇している中小企業のデジタル活用には知識や技術をもったサポーターの伴走が不可欠だったのです。

［図表４］　デジタル化支援の４ステップ

STEP 01　プロジェクトの立ち上げとミーティング
・プロジェクトの立ち上げ　・デジタル化の必要性
・デジタル化推進　・チームのタスク分解および割当
・コストや責任の譲渡　など

STEP 02　実作業者ヒアリング
・現在行っている業務の確認　・必要なツールの紹介
・効率化作業　・サンプル作成　など

STEP 03　デジタル化作業の実施
・ヒアリングした内容のデジタル化　・工程表の提出
・フルリモートで作業を実施　・不明点は随時確認
・トライアル＆エラーを繰り返し作成　など

STEP 04　分析・改善
・デジタル化後の分析・デジタル化他業務の選定
・改善業務　など

（自社資料より作成）

デジタル化が一つ達成できると「そういえばこの業務も自動化できないだろうか」といったさらなる要望や悩みが現場から打ち明けられます。そのなかには、経営層と従業員間の直接のやり取りではなかなか出てこない提案もありました。現場が提案しようものなら「そんな些細なことにかまっている余裕はない」と経営層から問答無用で突き返されそうなアイデアもありました。経営レベルでは些末なこととしかとらえられないけれど、現場レベルでは甚大な悩みです。

その悩みを解決するデジタル化を成

し遂げることで現場からは喜びと感謝の声が上がるのです。緩衝材のような役割を担う外部の伴走部隊がいればこそ実現できたデジタル活用です。

このような地域密着型のデジタル化支援事業者の存在が現場に安心と成長をもたらします。伴走方式のデジタル化支援は、事業としての未来が見えたと同時に、中小企業の未来にも明るさを感じるきっかけとなりました。

グローバル時代こそローカル活動に力を入れる

中小企業のデジタル活用は、その企業の業種業態や組織形態、理念や社風あるいは現状で表面化しつつある課題や悩み、従業員の年代や労働条件、どこに社屋を構えているかによっても適切なものや優先して実施すべきものは変わってきます。

企業とデジタルツールとの相性は表面的なデータや情報だけでは分からないのが、デジタル化における難点といえます。

各企業が抱える特殊かつ限定的な課題の解決方法を提案できるようにするためには、経営者と現場で働く人の本音をいかに引き出せるかがポイントになります。デジタルに対する知識と技術を高めていく一方で、本音を引き出していく力や機会も必要となってくるのです。

つまり、ローカルな環境で現状の課題や悩みを打ち明けられる場を設けられるかどうかが中小企業全体のデジタル普及率を左右するといえます。

私も群馬県内の中小企業の経営者どうしが本音で語り合える場所を現在進行形でつくっています。悩みや課題を打ち明け、その解決策を惜しみなく提示できるようなオープンな集まりを目指しています。

地元の群馬にはすごく可能性があると思っています。災害に強いし、インフラもしっかりしています。そのポテンシャルを遺憾なく発揮できるよう、まずは各社がデジタル活用を進めていき、現状で抱える悩みを解消していくことが最優先です。

群馬にとどまらず、地方の経済を支えている大部分は中小企業です。グローバル化が叫ばれる今だからこそ、各地でこのような本音で語らえる場を提供するローカル活動が活発化することが地方の中小企業を元気にする一つの手立てになると期待しています。

ビジネスの地産地消

私は地元で取り組まれるさまざまな経営者の活動やビジネス交流会に積極的に参加してきました。

経営者の集まりは地域への貢献活動を進めていく一方で、意地の張り合い会のような側面も有していました。たとえ自社の経営が窮地にあっても決してそんな素振りは見せません。奉仕活動に励んだあげく本業が疎かになり、従業員からも見放され、いつの間にか会に顔を出さなくなる社長も少なからずいました。

私が参加した集まりの多くはビジネスの話はしないという暗黙のルールが敷かれていました。私はこれがどうにも納得いかず、ルールを無視して営業を仕掛けていましたが、やや異端児扱いというか疎まれるようなこともありました。

参加するための会員費だけは無駄に高く格式だけはご立派で中身の伴っていない経営者の集まりは、今後は滅んでいくような気がしてなりません。事業が上向きの頃ならそれが通用しても、下向きの旧態依然とした中小企業にはそんな余裕はないはずです。

これからは、グローバル化する時代に対抗するためにも中小企業が団結して企業としての価値を高めていくことは欠かせません。ビジネスの話を共有し教え合う精神がより大切になってくるのです。社会に貢献する姿勢をもちながらも、会社にも利益が残るコミュニティづくりが肝要となるはずです。

悩みを打ち明けられる場を提供するとともに、助けてくれそうな人や事業とつなげるといったやり取りがこれからの時代に求められるものであり、行政や身近な他社をどんどん巻き込んでいく姿勢が必要になります。

事業の専門的ノウハウは開示しなくても、経営層や現場で働く人たちを支える話題はもっともっとシェアされるべきであり、そのための場と機会ができていってほしいのです。「その悩みを解決してくれるところを知っているよ」と、すでに同様の悩みを解決済みの企業が手助けするような活動が地域に根づいていてくれることを願って止みません。

その活動の中心にいるのが地元の支援業者であれば、その輪はさらに強固で広いものになっていきます。いわばビジネスの地産地消です。

地域のコミュニティとデジタルの掛け算、そして会社と会社あるいは人と人の結びつきを強めることが、地域と行政、そしてその地域に根づいた各中小企業に植えつけられるべき新時代の価値観なのです。

企業の「大量絶滅期」に生き残る条件

旧態依然の中小企業は、このままデジタル化をせずにいたら競合にみるみる差をつけられてしまいます。今は問題が表面化していなくても、これから訪れる困難に備えて次のフェーズを見据えた動きが必要になります。

今後いつどんな危機が世界に訪れるかは分かりません。リーマンショックやコロナショック以上の、企業の大量絶滅期が訪れても不思議ではないのです。その際に早期退職という名の無慈悲な人件費削りでその場しのぎをするよりも、働く人の未来をつくるために積極的な改革を進めることのほうが、明日を生きるバイタリティに溢れて見えます。

生き残れるのは、強大なパワーをもつ一方で生き残るためのコストも甚大な恐竜企業よりも、小さいながらも柔軟に環境変化に適応できる中小企業かもしれません。

社長の脳内を可視化する

デジタル化こそが生き残るための大きな手段です。ただし、中小企業の存亡を握る最も重要なファクターは、やはり社長の手腕にあります。

属人化を減らしていくことがデジタル化の恩恵であるという話とは別に、中小企業は社長の牽引や魅力があってこそ、その特色や底力を存分に発揮できることは間違いありません。やる気に満ち溢れ、会社への思い入れが誰よりも強い社長がいてこそ企業は生きながらえます。社長と会社は一心同体です。

時代がどう動こうとも中小企業の経営は社長依存という面も残っています。デジタル化によってできた余裕をどこに注ぐかは社長の采配次第なのです。

そこで、デジタル活用の応用アイデアとして「社長の脳内を可視化する」というものがあります。

強みであれ悩みであれ、社長の頭のなかにあるものを一斉に棚卸しして従業員や顧客に見えるようにしていくことで、その中小企業の特徴はより際立ちます。自社サイトの見直しで社長の理念や将来のビジョンを伝えたり、ＢＩツールによる可視化で会社の強みをより強固にする施策を講じたりするのも一案です。このようにデジタル化によって確保できた時間を従業員たちとの共有の場として、社長の思いを伝えていくことも、社長の脳内を可視化するための一つの方法といえます。

デジタル化は中小企業の未来ビジョンを丸見えにしてくれます。会社がどこへ向かっていくかが明確化され、それぞれの従業員が何をすべきかを考える機会を与えてくれます。

社長の頭のなかを理解し各従業員がそれぞれのミッションをもって日々の業務に取り組めるようになったとき、その中小企業は本当の意味でデジタル化という最強の武器をもったことになるのです。これこそがデジタル活用の最終的なメリットなのだと、私が実際にデジタル化を通して感じていることです。

デジタル化によって社長を可視化し会社のすべてを可視化する、そしてそれぞれが考えて動いていける環境をつくるのです。それが次に来るかもしれない大量絶滅期を生き残るための、唯一のすべなのです。

おわりに

人材サービス業を営み地域の中小企業の現場を見ていて思うのが、まだまだどこもすさまじくアナログだということです。

とはいえ私もほんのちょっと前までは完全なアナログ派でした。というより、私自身はもともとアナログ人間で、デジタルツールの扱いには慣れていません。新事業として立ち上げたデジタル化支援事業については社員や外注の連携主体で進めながら必死に付いていきました。

私はデジタル活用に長けているわけではありません。しかし、デジタル活用が中小企業にもたらすベネフィットについては誰よりも分かっているつもりです。

私の会社は現在、間接部門をほぼ自動化し、事務作業だけを担当する従業員は抱えていません。営業活動も機械に任せられる業務は自動化し、外部に任せられる部分は銀行、他社とのアライアンスにしています。従業員は皆、商談かデジタル化支援に出払っていて、社内に私一人しか滞在していないということもざらにあります。

今回この本を書こうと思ったのは、かつての私のようなアナログ社長の背中を「これくらいのデジタル活用のアイデアならうちでもできそうだ、よし、やってみよう」と押したかったからです。

人材不足や経費圧迫などさまざまな課題を抱え経営が苦しいはずなのに、それでもなお、デジタルがなくても挽回できる、今のやり方を貫き通す、と頑なに強がっている社長へ、私は強く訴え掛けたいのです。「ないないづくし、パソコンできない何も知らないという社長でも、デジタル化はできるんだよ」と。

本書との出会いをきっかけに、積極的にデジタルを活用して現在の苦しみから解放されることもあるはずです。強がっている中小企業の社長を救いたいからこその本書であり、デジタル化支援事業であり、社長が本音で相談できる場の提供に私は勤しんでいます。

過去には、救うことが叶わなかった仲間もいました。

いつも気丈に振る舞っていた経営者仲間が、あるときたくさんの借金を抱え資金難に陥っていることを告白したのです。あと一歩進んだら破産という瀬戸際でした。

状況を打破するため、私の人脈を使って救済する計画を立てようとしました。しかしながら尽力も虚しく彼の会社はなくなり、彼自身も私の前から姿を消してしまう悲しい結末となってしまったのです。せめてもっと早く本音で相談し合える機会が設けられていればと、悔やんでも悔やみきれません。

これまでにリーマンショックや自然災害などで苦しみながらも乗り越えた経験をもっている人であっても、終わりの見えないコロナ禍では弱気になることもあると思います。それでも本音を吐き弱い部分を見せてしまうと「あの会社はまずいらしい」と噂が立ち、さらに自らの首を絞めてしまうかもしれないというリスクに怯え、強がってしまう気持ちは分かります。しかしだからこそ本音で語り合い、きつい思いをしているのは自分たちだけではないと知ってもらって救いの手を差し伸べられる場所づくりは欠かせません。

私も同じ後悔は味わいたくありません。強がってしまっている旧態依然の社長たちに、今こそ本音をさらけ出して会社の変革にチャレンジしてほしいのです。

ここでやらなかったら、もうあとがないはずです。

デジタル活用の本ではありますが、デジタルだけで中小企業の課題や悩みをすべて払拭することは叶わないと、私は考えています。これからの混迷を極める時代において、社長が本音をさらけ出せる場所がたくさんできることが、デジタル活用と並立して大切だと感じます。

私の会社も、経営層と現場で働く人の本音を聞いて解決策を一緒に考えていく会社へと変身を遂げました。

あなたの会社のそばにもそういった場所があること、あるいはあなたの会社自身がそのような場所になることを願います。

中島 英司（なかじま えいじ）

職場元気株式会社　代表取締役

１９７０年、群馬県高崎市生まれ。作業着・事務服・制服を企業や工場に販売する縫製業を営む実家に生まれる。

１９９２年、都内の大学を卒業後、東京の証券会社に入社。

１９９５年、父親の体調が悪くなったのをきっかけに家業を継ぐことになり、証券会社を退職。

１９９６年、家業の縫製業を継ぐ。楽に稼げると思っていたが、継いでみて初めて、同族経営の大変さを知る。

１９９９年、知人と一緒に人材派遣会社有限会社トラストを設立。創業から半年間売上がなく、電話１本・ＦＡＸ１台の手探りで人材派遣の営業を開始。共同経営の難しさを知る。

２００１年２月、心機一転、社名変更を決意し、職場元気株式会社設立。家業で付き合いのあった企業・工場がどこも人手不足に悩んでいたことから、既存のネットワークを活かし、人材派遣業を始める。

２００２年、営業として初めて社員が入社。二人三脚で営業に注力する。

２００４年、事業拡大につき沼田市から伊勢崎市へオフィス移転。

２００７年、事業拡大につき高崎市で２拠点目のオフィス開設。

現在、中小企業の職場を元気にするコンサルティングを展開中。

旧態依然とした組織から脱却する
中小企業のデジタル活用術

二〇二二年九月九日　第一刷発行

著　者　中島英司
発行人　久保田貴幸
発行元　株式会社 幻冬舎メディアコンサルティング
〒一五一-〇〇五一　東京都渋谷区千駄ヶ谷四-九-七
電話　〇三-五四一一-六四四〇（編集）
発売元　株式会社 幻冬舎
〒一五一-〇〇五一　東京都渋谷区千駄ヶ谷四-九-七
電話　〇三-五四一一-六二二二（営業）
印刷・製本　中央精版印刷株式会社
装　丁　田口美希

Printed in Japan　ISBN 978-4-344-94109-0 C0034
幻冬舎メディアコンサルティングHP　http://www.gentosha-mc.com/

本書についての
ご意見・ご感想はコチラ